열다섯,
심리학이 필요한 순간

사춘기 마음은 왜 내 맘 같지 않을까

열다섯, 심리학이 필요한 순간

김기환 지음

팀

고민 많은 십 대에게 권하는
마음 공부

청소년기는 거대한 변화를 겪는 시기입니다. 신체적으로 2차 성징이 나타나면서 처음 겪는 변화에 당황하기도 하고, 인지 능력이 향상되면서 '나는 누구인가?'와 같은 추상적인 질문에 몰두하기도 하죠. 또한, 사회적으로 가족이라는 틀에서 벗어나 다양한 집단 속에서 사람들을 만나고 새로운 경험을 하게 됩니다. 이러한 변화는 성장하고 발전하는 데 필요한 과정이지만 한편으로는 불안과 스트레스의 원인이 되기도 하지요. 새로운 경험은 우리를 설레게도 하지만 예측할 수 없는 앞날에 대한 두려움도 갖게 하니까요. 자신이 어떤 분야에 흥미와 재능이 있는지, 친구를 어떻게 사귀어야 할지, 학교생활에 잘 적응하려면 어떻게 해야 할지……. 이 같은 고민을 해결하는 데 꼭 필요한 공부가 바로 '심리학'입니다.

많은 심리적, 정신적 문제가 청소년기에 시작됩니다. 이 시기에 잘 적응하지 못하면 성인이 되어서도 다양한 심리적 문제를 안고 살게 되지요. 몸과 마음에 병이 들면 아무리 공부를 잘한들 무슨 소용이 있겠어요. 다시 말해 심리적으로 건강한 청소년기를 보낼 수 있다면 어떤 일에도 쉽게 흔들리거나 무너지지 않는 강한 마음을 가진 어른이 될 것입니다.

불안정한 청소년기를 잘 보내려면 우선 '나의 마음'을 공부해야 합니다. 나를 차분히 들여다보고, 나를 탐구하고, 나를 받아들이고, 나를 사랑하는 과정이 필요하죠. 또한, '타인의 마음'도 공부해야 해요. 사람들 속에서 사랑받고, 인정받으며 살아가는 것은 우리 삶에서 매우 중요한 부분이잖아요. 상대방의 말과 행동이 어떤 심리에서 비롯되었는지를 이해한다면 갈등을 줄이고, 관계를 개선하는 데 도움이 될 것입니다.

하지만 마음을 이해하기란 쉬운 일이 아니에요. 우리는 때때로 '내 마음을 나도 모르겠어.' '도대체 내가 왜 이러는지 모르겠어.'라는 생각에 빠지곤 해요. 하루에도 몇 번씩 생각과 감정, 행동이 따로 놀기도 하고, 어떤 대상에 대해 좋기도 하고 싫기도 한 감정이 동시에 일어나기도 하고요. 그러고 보면 사람의 '마음'이란 굉장히 복잡한 녀석이지요. 우리가 잘 살아갈 수 있도록 많은 일을 하면서도 우리의 의도와는 다르게 제멋대로 움직이기도 하니까요.

'학교생활' '관계' '나' 이렇게 3부로 구성된 이 책은 심리학을 기반으로 청소년들이 일상 속에서 겪게 되는 각종 심리적 문제의 원인을 설명하고, 건강하게 해결할 수 있도록 조언합니다. 이를 통해 복잡한 우리의 마음이 어떻게 작동하는지 이해할 수 있게 될 거예요.

각 장 도입부에 수록한 4컷 만화에는 네 명의 청소년이 등장한답니다. 야무지고 도도한 지원이, 걱정 많고 우유부단한 연수, 소심한 훈남 민재, 1등 반장 여준이. 이 친구들이 마주한 상황과 고민에 여러분도 "맞아! 나도 그런 적 있어!" 하고 공감할 거예요. 이 책에 실린 다양한 사례를 통해 마음이 작동하는 원리를 배우면 나 자신을 사랑하고, 친구들과 건강하고 친밀한 관계를 맺으며, 집단 속에서 슬기롭게 생활하는 데 도움이 될 것입니다.

그럼 지금부터 저와 함께 마음 공부를 시작해 볼까요?

차례

3부   나: 내 맘 같지 않은 나의 마음

1부

학교생활

: 교실에서 마주한 불안

내가 희망하는 진로는 정말 내가 선택한 것일까?

#단순노출효과

#사회영향

#흥미

#적성

청소년기에 진로 선택은 매우 중요한 과업입니다. 평생에 걸쳐 영향을 미치는 중요한 과업이지만 충분한 시간을 할애하지 못하는 경우가 많습니다. 자신이 뭘 하고 싶은지, 뭘 잘하는지 몰라서 고민하는 청소년도 많고요. 하고 싶은 일을 찾았더라도 잘할 수 있을지 확신하지 못해 망설이죠. 인간은 누구나 경험하지 않은 미래에 대한 두려움이 있습니다. 확신이 없다 보니 남들이 하는 대로, 남들이 하라는 대로 적당히 진로를 결정하고, 적당히 살아가기도 합니다.

많은 사람이 선택한 안전한 길로 가면 만족할 수 있을까요? 하루 중 가장 많은 시간을 보내야 하는 직장에서 맡은 업무가 나와 맞지 않는다면 행복할 수 있을까요? 결과에 대한 두려움이나 선택에 대한 후회를 줄이기 위해서는 내가 정말 원하는 것이 무엇인지 나에 관해 깊이 탐구해야 합니다. 이 장에서는 진로 선택 과정에서 우리가 일반적으로 저지르게 되는 실수들을 살펴보고, 자신에게 맞는 직업을 선택하기 위해 어떻게 해야 할지 알아보겠습니다.

진로를 선택할 때 우리는 무엇에 영향을 받을까?

대부분의 선택이 그렇듯 우리는 진로를 선택할 때 외부로부터 다양한 영향을 받습니다. 우선 '익숙한 것'에 끌리기 쉽습니다. 초등학교 1학년 학생들에게 희망 직업을 물으면 대부분 부모님의 직업을 말한다고 합니다. 학년이 올라가면 매일 만나는 선생님이나 대중 매체를 통해 접하는 가수, 배우, 아나운서, 운동선수, 유튜버 등을 선호하는 현상이 나타나고요. 또는 영화나 드라마에서 멋진 주인공으로 등장하는 검사, 의사, 변호사, 과학자 등을 희망하기도 합니다.

이런 현상을 '단순 노출 효과'라고 합니다. 단순 노출 효과란 단순히 자주 접하는 것만으로 대상에 대해 호감을 느끼는 현상입니다. 복잡한 사고 과정을 거쳐 결론에 도달하는 것이 아니라 반복적으로 접하다 보니 '그냥' 좋아지는 것이지요. 청소년들이 희망하는 직업을 살펴보면 실생활이나 대중 매체를 통해 반복적으로 접한 직업이 많습니다. 특정 직업에 반복적으로 노출되면서 나도 모르게 좋아지고 꿈꾸는 직업이 되는 거예요.

또한, 우리는 다른 사람에게서 영향을 받기도 합니다. 연수는 아직 진로를 결정하지 못했습니다. 무엇을 하고 싶은지 찾지 못했어요. 지원이는 미래 전망 데이터를 바탕으로 연수에게 사회복지학과에 함께 진학하는 것이 어떻겠느냐고 조언합니다. 이렇게 확신을 가지고 말하는 가까운 사람들의 조언은 우리에게 영향을 미칩니다. 살다 보면 무엇이 맞는지, 무엇이 좋은지 잘 모를 때가 있어요. 이때 우리는 주변 사람에게 조언을 구하거나 다른 사람들의 선택을 참고하는 경우가 많습니다. 즉, '남들처럼' 사는 거죠.

다른 사람의 영향은 '규범 사회 영향'과 '정보 사회 영향'으로 구분할 수 있습니다. 규범 사회 영향이란 다른 사람들의 행동이 일종의 규범으로 작용하여 거부하기 어렵게 되는 것을 말합니다. 예를 들어 볼까요? 학생 대부분이 고등학교 졸업 후 대학에 진학하는 것을 당연히 여기는 상황에서 나만 곧장 취업을 생각하기란 매우 부담스러운 일입니다. 대학을 가는 것이 마치 모든 사람이 따라야 하는 규범처럼 작용하는 것이죠.

정보 사회 영향이란 확신이 없을 때 다른 사람의 행동에서 정보를 얻는 것을 뜻합니다. 많은 학생이 전공을 불문하고 도서관에 앉아 공무원 시험에 몰두한다면 그걸 지켜보는 사람은 공무원을 대부분의 사람이 선호하는 좋은 직업이라고 생각할 거예요. 그렇게 공무원이 하는 업무가 나와 잘 맞는지 따져 보지도 않은 채 공무원 시험을 준비하기도 하죠. 뉴스에 나오는 초중고생 희망 직업 순위, 직업별 소득, 미래의 유망 직업 등의 자료에 영향을 받는 것도 마찬가지로 정보 사회 영향의 결과입니다.

부모님은 자녀가 경제적으로 안정되고, 사회에서 인정받기를 바랍니다. 그러다 보니 전문직이나 공무원 등의 직업을 추천하는 경우가 많고요. 바꾸어 말하면 자녀의 특성에 맞는 직업을 추천하기보다 안정적이고 높은 지위를 누릴 수 있는 직업을 추천하는 것이지요. 어릴 때부터 이러한 정보들에 영향을 받다 보면 자신에게 맞는 직업을 찾기보다 남들이 선호하는 직업을 자기도 모르게 희망하게 될 수 있습니다.

확신할 수 없는 것은 당연한 일

다른 사람들이 아무리 좋은 얘기를 해 줘도 내가 직접 경험해 보기 전까지는 알 수 없습니다. 막연하게 머릿속으로 상상한다고 해서 어떤 직업이 나에게 맞을지 확신할 수 있을까요? 경험해 보지 않은 일에 대해 확신할 수 없는 것은 당연합니다.

여러 직업을 직접 경험하면서 가장 잘 맞는 직업을 선택하면 좋겠지만 현실적으로 어려운 일이지요. 많은 사람이 졸업 이전에는 진로를 결정하는 데 도움이 되는 경험을 하기보다 좋은 성적을 받으려고 애쓰며, 졸업 후엔 생계를 위해 조금이라도 빨리 안정적인 직장을 얻으려고 합니다. 차분히 생각하고 신중히 결정할 겨를 없이 학교와 사회가 요구하는 대로 쉼 없이 달리다 보면 어느새 대학도 직업도 정해져 버리기 쉽지요. 그 모든 것들을 오롯이 내가 결정한 것인가 싶은 생각이 들 수도 있습니다.

문제는 한번 결정한 직업은 쉽게 바꾸기 어렵다는 점입니다. 중간에 직업을 바꾸려고 해도 관련 학과를 나오지 않거나, 관련 경력이 없을 경우 받아 주지 않는 경우가 많습니다. 또한 새로운 분

야에 도전하는 데에는 개인적으로도 큰 용기가 필요하고요. 책임
져야 할 가족이 있거나 모아 둔 돈도 없다면 현재의 직장을 그만두
고 새로운 직업을 갖기 위해 도전할 여유가 있을 리 없습니다. 그
렇다 보니 학교를 졸업하고 갖게 되는 첫 직업이 평생 가는 경우가
많지요. 다른 할 일이 많다는 이유로 진로를 신중하게 결정하지 못
한다면 두고두고 후회하게 됩니다. 우리는 경험해 보지 않은 상태
에서 어쩌면 평생 직업을 선택해야 하는 매우 어려운 문제를 가지
고 있는 것입니다.

진로를 선택할 때 염두에 두어야 할 것

진로를 선택하기에 앞서 내가 알고 있는 직업뿐 아니라 내가
모르는 다양한 직업을 탐색해야 합니다. 우리가 잘 모르는 직업 중
에 나와 잘 맞는 직업은 없을까요? 수만 개의 직업이 존재하지만,
우리가 알고 있는 직업을 적어 보면 50개가 채 못 될 거예요. 나에
게 맞는 직업을 찾기 위해 시간을 투자하는 것은 얼마가 걸리든 의
미 있는 일입니다. 어쩌면 내신 공부만 하는 것보다 더 가치 있는
일일 수도 있어요.

우리는 하루에 8시간 이상 일을 하고, 그 일을 40년 가까이 해
야 합니다. 이렇게나 중요한 결정의 선택지를 내가 현재 알고 있는

것으로 한정한다면 합리적이라고 할 수 없겠죠. 우리가 선택할 수 있는 더 많은 대안을 고려해야 합니다. 우리가 알지 못하는 직업 중에 숨겨진 보석이 있을지 모릅니다.

남들이 선호하는 직업보다 내가 만족할 수 있는 직업이 무엇일지도 고민해 봐야 합니다. 물론 사회적으로 인정받는 직업을 갖는 것이 나쁘다는 것은 아니에요. 다만 어렵게 가진 직업이 나의 특성과 맞지 않는다면 시간이 흐를수록 후회하게 될 것입니다. 사람들 앞에 서는 것이 불편한 사람이 '하다 보면 나아지겠지.'라는 막연한 생각으로 교사가 된다면 매일매일의 수업 상황이 얼마나 힘에 부칠까요? 시간이 흐르면서 어느 정도 극복할 수는 있겠지만, 그건 끊임없이 노력하고 있는 것일 뿐 불편함은 계속 남아 있을 것입니다. 마치 남의 옷을 입은 것처럼요.

나의 특성에 맞는 직업을 선택하려면 자신의 흥미와 적성을 제대로 들여다봐야 합니다. 흥미란 어떤 대상에 관해 관심을 기울이는 감정입니다. 개인의 내부에서 자연스럽게 일어나는 감정이기 때문에 어떤 일을 지속하거나 몰두할 수 있게 하는 힘을 가집니다. 흥미 있는 일은 그렇지 않은 일에 비해 즐겁게 몰두할 수 있고, 지속할 가능성도 높죠. 또한 즐겁게 일할 수 있으므로 삶의 만족도가 올라가고요.

많은 직장인이 회사를 마지못해 다닌다고 해요. 일은 힘든 것이라고 말하며, 삶의 즐거움은 취미와 친구들, 가족에게서 찾고는 합니다. 만약 일 자체를 즐길 수 있다면 가정에서도 직장에서도 만족할 수 있으니 이보다 좋을 순 없을 거예요.

적성이란 어떤 일을 하기에 적합한 능력과 소질을 가지고 있느냐 하는 것이에요. 이는 미래의 성공 가능성을 예언해 주지요. 다시 말해 흥미를 가지고 시작했으나 적성에 맞지 않는다면 한계를 느낄 가능성이 있습니다. 물론 노력으로 그 모든 것을 뛰어넘을 수도 있지만, 매우 어려운 길이 될 것입니다.

또한 우리는 주체성을 가지고 진로를 탐색해야 합니다. 대학 전공을 결정할 때 시간에 쫓겨 성급하게 결정하거나 학교 이름만 중시하고 전공은 크게 신경 쓰지 않는 청소년들이 있습니다. 부모님의 보호와 선생님의 지도에 익숙한 삶을 살다 보면 중요한 결정을 남에게 맡겨 버리는 친구들도 있고요. 그런 모습은 내가 내 삶의 주체가 아닌 객체가 되어 결정권을 포기하며 사는 것과 같아요. 부모님이 하라는 대로 해도 별문제 없었거나, 부모님을 거역할 수 없거나, 또는 부모님의 의사에 반하는 결정 이후에 벌어질 상황을 감당할 자신이 없어서 그냥 시키는 대로 하는 것이지요.

그러나 20살이 되면 상황은 바뀝니다. 시키는 대로 공부만 하고 친구들과 놀기만 해도 되던 시절이 끝나고, 내가 결정하고 그에 대한 책임을 져야 할 시기가 옵니다. 그때가 되면 이미 쌓아 온 결정들이 자신의 발목을 잡습니다. 돌이킬 수 없는 결정을 너무 안일하게 했던 것은 아닌지 후회할지도 모르죠.

주체적으로 진로를 탐색하려면 충분한 시간 동안 자신을 들여다보고, 직간접 경험을 통해 자신에게 맞는 직업이 무엇일지 공부해야 합니다. 진로 선택을 위한 고민은 빠를수록 좋습니다. 자신이 뭘 잘하는지, 뭘 하고 싶은지 일상생활 속에서 오랫동안 꾸준히 탐색해야 합니다. 관심 있는 직업이 생기면 해당 직업을 자세히 공부해 보세요.

예를 들어 게임 관련 일에 관심이 생겼다고 해 보죠. 게임 하나를 만들려면 여러 분야의 종사자들이 협업을 합니다. 스토리를 구성하는 사람도 있고, 캐릭터를 디자인하는 사람도 있고, 이를 프로그래밍하는 사람도 있고, 배경 음악을 만드는 사람도 있고, 홍보를 맡는 사람도 있어요. 그중 캐릭터 디자인을 하고 싶다면 어떤 능력이 필요하고 어떤 준비를 해야 할지도 파악해야 합니다. 미술을 공부해야 하므로 자신이 미술에 흥미와 적성이 있는지도 들여다봐야 하고요. 게임 업계의 근무 환경이 자신의 특성에 맞는지도 알아봐야겠네요. 어느 정도 확신이 생기면 미술 학원에 다니거나, 게임 캐릭터를 직접 만들어 공모전에 도전하거나, 해당 직업을 가진 사람과 인터뷰를 하거나, 게임 회사를 견학하는 등 직접적인 경험을 해 보는 것이 좋습니다. 그래야 좀 더 구체적인 정보에 접근할 수 있고, 나에게 맞은 직업인지를 가늠할 수 있겠지요.

만약 이러한 경험을 통해 이 길이 아니라는 생각이 들면 또 다른 직업을 탐색하면 됩니다. 그러한 과정을 여러 번 거쳐야 하므로 충분한 시간이 필요한 것이지요.

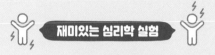

자주 볼수록
매력을 느낀다

미국 피츠버그 대학교의 리처드 모어랜드Richard L Moreland와 스콧 비치 Scott R Beach 연구팀은 사람에 대해서도 단순 노출 효과가 나타나는지 확인하기 위해 대학생들을 대상으로 한 가지 실험을 진행했습니다 (1992).

나이, 외모 등이 비슷한 여성 4명을 섭외해 한 학기 동안 특정 횟수만큼 수업에 출석하도록 지시합니다. A는 0회, B는 5회, C는 10회, D는 15회 출석합니다. 단순 노출 상황을 만들기 위해 여성들은 학생들과 대화하거나 접촉하지 않고, 눈에 띄는 자리에 앉아만 있었습니다.

학기 말에 학생들에게 각 여성의 얼굴을 제시하고 친숙함, 매력, 유사성 등을 평가하게 했습니다. 그 결과 한 번도 출석하지 않은 A에 비해 15회 출석한 D를 훨씬 매력적인 사람으로 평가했습니다. 자주 마주칠수록 매력적으로 느낀 것이지요.

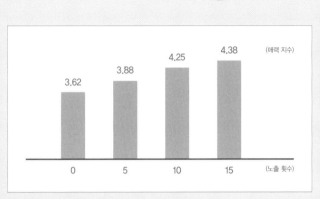

노출 횟수에 따른 매력 지수

　가까워지고 싶은 친구가 있다면 그 사람의 시선이 머무는 곳에 있어 보세요. 자주 눈에 띄면 여러분에 대한 호감도가 높아질 거예요.

왜
매번 아는 문제를
틀릴까?

#사후확신편향
#예측

인간은 주의력에 한계가 있기 때문에 누구나 실수를 합니다. 그러니 한두 번 실수했다고 스스로 비하할 필요는 없습니다. 다만 삶에서 중요한 이벤트들, 이를테면 수능이나 면접에서의 실수는 치명적일 수 있습니다. 그래서 우리는 실수를 줄이기 위하여 반복해 연습하기도 하고, 과거의 실수에서 잘못된 부분을 찾아 고치려는 노력을 하며 살아갑니다.

물론 그렇지 않은 사람들도 있습니다. 이들은 시험을 보고 난 후에 '아는데 실수로 틀렸어.'라고 말합니다. 답을 알고 있다고 생각하니 부족한 부분을 찾아 고치려는 노력을 하지 않습니다. 그러고는 다음에도 같은 실수를 반복하죠. 답을 알고 있다는 확신, 마음만 먹으면 언제든 잘할 수 있다는 확신이 노력을 게을리하게 하고, 발전을 가로막습니다.

같은 실수를 반복하는 사람들에게는 독특한 사고 과정이 나타납니다. 이 장에서는 그 사고 과정을 살펴보겠습니다.

그럴 줄 알았어!

어떤 사건의 결과가 나온 후에 '역시 내 예측이 맞았어.'라고 생각한 적, 한 번쯤 있을 거예요. '예측'이란 벌어지지 않은 일을 미리 헤아려 짐작하는 행위입니다. 다시 말해 '사전'에 이루어져야 예측이라고 할 수 있죠. 그런데 사후에 알게 된 결과를 마치 처음부터 예측했던 것처럼 반응하는 경우가 있습니다. 이러한 현상을 '사후 확신 편향'이라고 합니다. 결과를 보고 난 후에 사건의 전개 과정을 거꾸로 더듬어 꿰맞추고는 처음부터 사건이 그렇게 진행될 줄 알았다고 생각하는 것이지요.

지원이도 사후 확신 편향을 보입니다. 시험 볼 때는 확신이 없어서 두 개의 선지 중 고민하다가 오답을 선택했습니다. 정확한 답을 몰랐던 것이죠. 그러나 정답을 확인하고 나서는 답을 알고 있었는데 실수로 틀렸다는 듯이 말합니다. 결과를 알고 난 후 문제를 다시 보니 정답을 원래부터 알고 있던 것처럼 기억에 오류가 발생한 것입니다. 알면서 틀린 것이 아니라 정확히 알지 못했던 것은 아닐까요? 이와 유사한 사례는 우리 일상에서 자주 발생하곤 합니다.

- 친구의 성적이 떨어졌을 때 → "그럴 줄 알았어. 너 요즘에 너무 놀더라!"
- 축구 시합을 하다가 친구가 다쳤을 때 → "몸도 안 풀고 급하게 뛰더라니. 그럴 줄 알았어!"
- 친구가 휴대폰을 잃어버렸을 때 → "그러게, 테이블 위에 올려놓지 말랬잖아."

이처럼 사후 확신 편향은 다른 사람을 향해서도 나타납니다.

위 사례들을 보면 친구에게 안 좋은 일이 생길 것을 처음부터 알고 있었다는 듯이 반응하네요. 정말로 부정적인 결과를 예측하고 있었다면 그런 결과가 나오기 전에 미리 조언해 줄 수 있었을 거예요. 결과가 나오기 전에는 아무 말 없다가 또는 확신이 없어서 강하게 주장하지 않다가 결과가 나온 후에 위와 같이 말한다면 제대로 예측했다고 할 수 없어요. 결과를 보고 난 후 사후 확신 편향이 나타난 것일 뿐이지요. 나온 답을 보고 '나는 처음부터 그렇게 생각했어.'라고 말이에요.

사후 확신 편향이 나타나는 이유

사후 확신 편향이 나타나는 원인은 '동기적 원인'과 '인지적 원인'으로 나눌 수 있습니다.

동기적 원인은 '통제 욕구'와 '자기 과시 욕구'에서 비롯됩니다. 자기 주변에서 발생하는 사건들을 이해하지 못하거나 앞으로 상황이 어떻게 전개될지 예측할 수 없다면 스트레스와 불안에 시달리게 됩니다. 여기서 벗어나기 위해 인간은 자신과 주변 환경을 통제할 수 있다고 믿으며, 문제가 발생하더라도 해결할 수 있다고 생각하는 경향이 있어요. 이러한 통제 욕구가 작동하면 '나는 처음부터 그렇게 될 줄 알고 있었어.'라는 사후 확신 편향으로 나타납니다.

자기에 대해 좋은 인상을 남기고자 하는 자기 과시 욕구 역시 사후 확신 편향의 원인이 됩니다. 수많은 변수에도 불구하고 남들이 예측하지 못했던 결과를 나만은 정확히 알고 있었다는 것을 보여 주려는 시도가 사후 확신 편향으로 나타나는 거예요.

인지적 원인은 기억의 왜곡에서 비롯됩니다. 우리는 시험을 준비할 때 출제될 만한 모든 내용을 공부합니다. 많은 경우 정답은 우리 머릿속 어딘가에 저장되어 있죠. 다만 출제자가 요구하는 정답을 가려낼 정도의 이해에 도달하지 못했거나 저장된 정보를 정확하게 인출하지 못할 뿐이죠.

정답을 알고 난 후에는 기억이 왜곡되기 시작합니다. 시험 중에는 떠올리지 못했던 정답과 관련된 지식이 정답을 알고 나면 생생하게 떠오르죠. 동기적 원인이 강하게 작용할수록 기억의 왜곡은 잘 일어납니다. 마치 처음부터 정답을 알고 있던 것처럼 정답과 관련된 기억은 부각되고 나머지 기억은 축소되면서 기억이 왜곡됩니다. 이러한 선택적인 기억의 회상 및 인출이 사후 확신 편향으로 나타나죠.

사후 확신 편향을 왜 경계해야 할까?

사후 확신 편향은 부정적인 상황을 초래할 수 있으므로 경계할 필요가 있습니다.

첫째, 안 좋은 결과에 대한 단정적인 평가로 주변 사람에게 상처를 줄 수 있어요. 성적이 떨어진 친구에게, 축구를 하다가 다친 친구에게, 휴대폰을 잃어버린 친구에게 '내가 너 그럴 줄 알았다.'라고 말한다면 친구는 비난받고 있다는 기분이 들 거예요. 위로가 필요한 친구에게 원인을 분석하고 잘못을 지적하는 말을 하는 것은 상대를 위한 것이 아니라 자기 과시를 위한 행동일 가능성이 크지요. 친구를 위한다면 먼저 위로를 하는 것이 좋습니다. 어쩌면 누구보다 친구 자신이 무엇을 잘못했는지 가장 잘 알 테니까요.

둘째, 기억의 왜곡으로 소통에 문제가 발생할 수 있어요. 사후 확신 편향이 발생하면 내용을 선택적으로 기억하기 때문에 주관적이고 왜곡된 기억을 가지게 됩니다. 같은 상황에 대해 주변 사람과 다른 기억을 가지기 때문에 소통하는 과정에서 갈등의 원인이 되기도 합니다. 일이 벌어진 뒤 한 사람은 자기가 사전에 주의를 줬다고 하고, 상대방은 그런 말을 들은 적이 없다고 하는 상황이 발생하는 거죠. 이러다 괜한 다툼이 생기기도 하고요.

마지막으로, 사후 확신 편향이 반복되면 자신이 남들보다 세상을 더 정확하게 파악하고 예측한다고 믿게 됩니다. 그러다 보면 결과가 나오기도 전에 확신하기 시작해요. 이러한 자기 과신은 사람을 오만하게 만들고, 다른 사람의 의견을 무시하게 만듭니다. 또한 발생 가능한 여러 상황을 검토하고 판단하려는 노력을 게을리하게 되어 그릇된 판단으로 이어지기 쉽습니다. 자신이 정확히 몰랐다는 것을 인정할 때 비로소 같은 실수를 되풀이하지 않을 수 있습니다. 원래부터 알고 있었다고 착각한다면 똑같은 실수를 반복하게 될 것입니다.

어떤 일의 결과를 기다리며 자신의 예측을 기록해 보고, 결과가 나오면 그 예측이 맞았는지 확인해 보세요. 예측이 생각보다 정확하지 않다는 것을 알 수 있을 거예요. 그러고 나면 조금 더 겸손하게 세상을 바라보게 되지 않을까요?

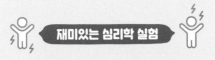

재미있는 심리학 실험

조금만 더 집중했다면
내가 금메달을 땄을 텐데

'사후 가정 사고'는 어떤 사건을 경험한 후, 일어날 수도 있었지만 결국 일어나지 않은 다른 결과를 가정해 생각하는 것입니다. 예를 들어 '원하는 대학에만 합격했다면 지금 이렇게 살지 않을 텐데.'라고 생각하는 것이죠.

미국의 사회심리학자 빅토리아 메드벡Victoria Medvec과 그의 동료들은 사후 가정 사고가 개인의 정서에 어떤 영향을 미치는지 알아보기 위해 재미있는 연구를 진행했습니다(1995). 1992년 바르셀로나 올림픽 메달리스트들이 시상식에서 어떤 표정을 지었는지 분석했는데요. 놀랍게도 은메달을 딴 선수보다 동메달을 딴 선수가 대체로 더 만족하는 표정을 짓고 있었대요. 왜 그런 결과가 나왔을까요?

연구자들은 이를 사후 가정 사고로 설명합니다. 은메달리스트들은 '경기에 좀 더 집중했다면, 실수만 안 했다면 금메달을 딸 수 있었을 텐데.'라는 사후 가정 사고를 하면서 아쉬워하는 표정을 지은 것이고요. 동메달리스트들은 '점수가 1점만 모자랐어도 메달을 못 땄을 텐데, 동메달을 따서 천만다행이야!'라는 사후 가정 사고를 하면서 만족한다는 표정을 지은 것이죠.

어떤 사람들은 지난 일을 후회만 하면서 살아갑니다. '그 학교만 합격했으면, 그 사고만 안 났으면. 그 사람과 사귀지만 않았으면 지금 행복할 텐데.'라고 말이죠. 바꿀 수 없는 과거에 사로잡혀 후회만 하고 지낸다면 앞을 향해 나아갈 수 없어요. 결국 과거에만 계속 머물러 있게 돼요.

우리가 과거를 돌아보는 이유는 실수를 반복하지 않기 위해서입니다. 과거에 대한 후회로 현재를 채우기보다 과거의 경험을 통해 배운 것을 실천하면서 성장하고 발전해 나가야 합니다. 우리가 충실해야 할 것은 현재이고, 우리가 바라봐야 할 곳은 과거가 아니라 미래입니다.

발표만 하려고 하면
왜 이렇게
떨릴까?

#발표불안
#사회불안
#자동사고

* * *

민재는 발표를 앞두고 불안과 공포를 느끼고 있습니다. 두근거림, 호흡 곤란, 떨리는 목소리, 빨개진 얼굴 등의 신체 반응도 나타나고 있네요. 시작도 하기 전에 실수해서 발표를 망칠 것이라는 부정적인 생각이 자꾸만 떠오르고요. 무엇보다 자신의 모습이 우스꽝스러워 사람들이 비웃을 것이라는 걱정, 부정적인 평가를 받을 것이라는 두려움에 떨고 있어요. 이러한 심리를 '발표 불안'이라고 해요. 발표 불안은 사람들 앞에서 과제를 수행할 때 나타나는 불안증으로 무대 공포증으로 부르기도 해요. 유명 배우와 가수 중에도 무대 공포증을 겪는 이들이 있습니다. 이를 이겨 내기 위해 다양한 노력을 하고 있대요. 이번 장에서는 발표 불안을 극복하는 법을 알아보겠습니다.

사람들 앞에 서는 게 두려워

사회 불안은 다른 사람들과 상호 작용하는 사회적 상황에서 불안을 느끼는 심리를 말합니다. 발표 불안은 사회 불안의 일종이죠. 사회 불안에 시달리는 이들은 주로 사람들 앞에서 과제를 수행하는 상황, 사람들과 만나고 대화하는 상황, 사람들이 자신을 관찰하고 있다고 느끼는 상황에서 불안을 느낍니다. 사람들 속에 있을 때 창피를 당하거나 난처한 일이 발생할 것이라는 두려움을 가지기 때문에, 식사나 운동 등 일상적인 행동을 할 때도 주변에 사람들이 있으면 긴장을 합니다.

보통 시작은 발표 불안처럼 사람들 앞에서 과제를 수행하는 특정한 상황에서만 불안을 느낍니다. 하지만 사회 불안이 다양한 상황으로 확장되면 사람 자체를 두려워하는 대인 공포증으로 악화될 수 있지요. 사회 불안은 보통 청소년기에 시작되는데, 불안과 공포를 느끼는 상황을 피하려다 보니 혼자 있는 시간이 늘어나는 경우가 많습니다. 그러다 보면 다른 사람과 관계를 맺으며 살아가야 하는 사회생활에 심각한 지장을 초래하게 되고요. 불안, 공포, 회피, 고립의 악순환으로 사회 불안을 가진 많은 사람이 우울증을 경험합니다.

발표 불안과 부정적 자동 사고

다른 이들 앞에서 발표할 때 긴장하고 흥분하는 것은 자연스러운 현상입니다. 이러한 긴장감은 일반적으로 발표 경험이 쌓이면서 감소합니다. 발표 상황이 익숙해지는 것이죠. 물론 발표 경험이 많더라도 이전에 경험하지 못한 중요한 면접이나 규모가 큰 회의나 대회에서 발표를 할 때에는 각성 수준이 높아질 거예요. 그렇더라도 보통 발표를 시작하면 내용에 집중하면서 긴장감은 점차 감소합니다.

반면 발표 불안을 가진 사람들은 경험이 쌓여도 각성 수준이 낮아지지 않는데요. 그 이유는 이들에게서 '부정적 자동 사고'가 작동하기 때문입니다. 아무 근거도 없이 '발표를 망칠 것'이라는 부정적인 사고가 특정한 상황, 즉 발표 상황에서 자동으로 떠오르는 것이죠. 예를 들어 '분명히 실수하고 말 거야.' '또 얼굴이 빨개지고, 목소리는 떨리겠지.' '우스꽝스러운 내 모습을 보고 다들 비웃을 거야.' 등의 생각이 떠오르면서 극도의 불안과 공포를 느끼고, 심한 경우 공황 상태에 빠지게 됩니다. 진땀을 흘리거나, 말을 더듬거나, 손이 떨리는 신체 반응이 동반되기도 하고요.

이들은 과거에 발표 상황에서 극도로 떨거나 창피를 당하는 등 부정적인 경험을 가진 경우가 많습니다. 그 기억이 각인되어 발표를 할 때 이전과 같은 상황이 벌어질 것이라는 부정적 자기 암시를 하고, 결국 부정적인 결과로 이어지는 악순환에 빠집니다.

사실 발표를 앞둔 상황에서 결과가 좋을지 나쁠지는 아무도 모릅니다. 결과가 나오기 전부터 부정적인 결과를 예상할 필요는 없어요. 보통 무엇인가에 도전할 때 실패할 것을 예상하면서 하지는 않잖아요. 잘할 수 있다고 스스로를 격려하는 것이 일반적이죠. 다시 말해 발표 불안이 있는 사람의 자동 사고는 왜곡되어 있으며, 극단적이라고 할 수 있어요. 자신에게 닥친 상황을 실제보다 훨씬 더 부정적으로 인식하는 것이죠.

잘못된 신념에서 비롯되는 부정적 자동 사고

사람들은 나를 부정적으로 평가할 것이라는 타인에 대한 신념과 나는 당황하면 우스꽝스러운 행동을 하고 만다는 자기 자신에 대한 신념, 그리고 발표는 실수 없이 완벽해야 한다는 수행에 대한 신념까지, 발표 불안을 가진 사람의 이러한 신념들이 정말 합리적인지 점검해 볼까요?

● **사람들은 나를 부정적으로 평가할 것이다.**

과거에 사람들 앞에서 창피를 당한 경험 때문에 이번에도 그때처럼 사람들이 놀릴까 봐 걱정되고 불안한가요? 특정 경험을 모든 상황으로 확장해 대입하는 것은 합리적이라고 할 수 없습니다. 지금 여러분 앞에 있는 사람들은 그때 그 사람들이 아니니까요. 대부분의 사람은 자신에게 해를 끼치지 않는 이상 상대방에게 부정적인 감정을 갖지 않습니다. 다시 말해 눈앞에 있는 사람들이 나를 부정적으로 평가할 이유가 없는 것이지요. 사람들이 비판할까 봐 미리부터 겁먹고 두려워하지 마세요.

- **나는 당황하면 우스꽝스러운 행동을 한다.**

당황해서 말을 더듬거나, 얼굴이 빨개지거나, 목소리가 떨릴까 봐 걱정되나요? 그 모습이 우스꽝스러워 보일까 봐 두렵나요? 대부분의 사람이 발표할 때 긴장을 합니다. 긴장하게 되면 정도의 차이는 있지만 신체 반응이 나타나죠. 그건 누구에게나 나타나는 자연스러운 현상이고요. 많은 경우 청중은 이를 눈치 채지 못하거나, 눈치 챈다 하더라도 우스꽝스럽다고 생각하지 않습니다. 오히려 발표자의 긴장을 풀어 주기 위해 응원하는 사람도 많죠. 여러분도 긴장한 발표자를 보면 응원하고 싶은 마음이 더 크잖아요. 그런 모습을 남들에게 들킬까 봐 겁낼 필요 없어요. 긴장할 때 나타나는 신체 반응은 결코 우스꽝스러운 모습이 아닙니다.

- **발표는 실수 없이 완벽해야 한다.**

완벽하게 해내야 한다는 강박이 '실수하면 어떡하지?'라는 두려움으로 나타납니다. 실수하면 안 되나요? 실수 좀 한다고 큰일나지 않습니다. 실수해도 돼요.

완벽한 발표라는 게 있을까요? 심지어 올림픽 메달리스트도 자신의 수행에 만족하지 못합니다. 수행 과정을 복기해 보면 누구나 부족한 부분, 아쉬운 부분이 떠오릅니다. 특히 발표 불안을 가진 사람들은 자신의 수행 결과를 더 부정적으로 인식하는 경향이 있어요. 작은 실수도 큰 잘못을 한 것처럼 확대 해석하죠. 이미 끝난 결과에 연연하면서 머리를 쥐어뜯고 자신을 자책하기보다, 부족한 부분을 채우기 위해 노력하면서 다음을 준비해야죠. 자신의 실수에 대해 좀 더 관대해지세요.

불안을 느끼는 상황에 뛰어들기

낯선 공간도 여러 차례 방문하다 보면 불안감이 낮아지고 어색한 사람들도 자주 만나 어울리다 보면 편안해지지요. 어떠한 상황이든 익숙해지면 긴장과 불안은 줄어들고 여유가 생깁니다. 발표도 마찬가지예요. 여러 번 하다 보면 밥을 먹는 것처럼 일상생활의 일부로 느껴지고 긴장감은 점점 줄어들게 됩니다.

노출은 점진적으로 진행하는 것이 좋습니다. 불안을 유발하는 낮은 자극에서부터 시작해 점차 강한 자극에 자신을 노출하면서 내가 가진 불안이 잘못된 것이었음을 깨닫는 것입니다.

처음에는 많은 사람 앞에서 발표하기보다 친한 친구나 가족 앞에서 해 보세요. 그것도 어렵다면 발표 상황을 상상하면서 혼자서 해 보세요. 대신 발표 원고와 PPT 등의 발표 자료를 준비해 실제 상황처럼 모의 연습을 해 보는 겁니다. 어떻게 말할지 원고를 준비하고, 처음부터 끝까지 원고를 소리 내 읽어 보는 것만으로도 불안감을 줄일 수 있어요. 의외로 불안은 준비 부족에서 오는 경우도 많답니다.

연습을 충분히 했다면 실제로 발표할 기회를 만들어 실전 경험을 쌓아 보세요. 학교에서 발표할 기회가 적을 때, 사람들 앞에서 말할 수 있는 가장 쉬운 방법은 수업 시간에 질문을 하는 것입니다. 질문의 장점은 길게 말하지 않아도 되며, 답을 해야 하는 건 상대방이므로 부담이 적죠. 그다음은 소규모 모둠 활동에서 자기 의견을 표현하는 훈련을 해 봅시다. 모둠 수업이 없다면 친구들끼리 토론하는 모임을 만들어 정기적으로 특정 주제에 관해 이야기하는 것도 좋습니다. 그다음은 학급 전체를 대상으로 발표해 봅시다. 발표할 때 나타나는 신체 반응을 부끄러워하지 않고, 작은 실수에 집착하지 않고 웃어넘기며, 사람들의 부정적인 평가도 수용할 수 있는 여유가 생길 때까지 계속 자신을 노출하세요. 결국 내가 가진 불안과 공포가 근거 없는 비합리적인 믿음이었다는 사실을 깨닫게 될 것입니다. 또한, 발표 후 잘한 부분과 잘못한 부분을 파악해 강점은 살리고 부족한 부분은 보완하는 식으로 발표 스킬을 발전시켜 나간다면 금방 좋은 발표자가 될 수 있을 거예요.

청중을 내 편으로 만들기

발표는 청중에게 영향을 받습니다. 외부 요인인 청중이 어떻게 반응하느냐에 따라 분위기가 많이 달라지기 때문에, 편안하게 발표하고 싶다면 청중을 내 편으로 만들어야 합니다. 날카롭고 비판적인 시선의 청중만 존재하는 것은 아니에요. 호의적인 청중의 경우 호응에 인색하지 않으며, 위기에 처한 발표자를 격려하고 응원하기도 합니다. 이런 청중을 만나게 되면 발표의 즐거움과 성취감을 경험할 수 있게 되지요. 발표 불안은 대부분 발표에 대한 부정적인 경험에서 비롯되므로 긍정적인 발표 경험은 발표 불안에서 벗어날 수 있는 가장 큰 힘이 됩니다.

청중을 호의적으로 만들려면 어떻게 해야 할까요? 우선 청중의 특성을 파악해 이들이 좋아할 만한 노래나 재미있는 영상으로 발표를 시작해 보세요. 순식간에 교실 안의 무겁고 경직된 분위기가 풀려 편안한 분위기에서 발표를 진행할 수 있을 것입니다.

자신을 솔직하게 드러내는 것도 효과적인 전략이 될 수 있습니다. 발표자와 청중이 서로를 낯설어하는 상황이라면 경계심이 작동하겠죠? 이를 허무는 것은 솔직함입니다. '내가 지금 많이 떨린다. 그러니 실수를 하더라도 이해해달라.'라고 자신의 심정을 솔직히 말한다면 청중들도 경계심을 허물고, 발표자를 호의적으로 대할 것입니다.

나와 청중의 공통점을 활용하는 것도 좋습니다. 공통의 관심사나 유사한 경험을 나누다 보면 청중은 '너도 나와 같은 사람이구나.'라는 느낌을 받습니다. 유사성의 원리에 따라 인간은 자신과 비슷한 사람에게 끌리기 때문에, 공감대를 형성하다 보면 청중은 어느덧 나를 응원하게 될 것입니다. 이렇게 청중을 이해하고 청중과 소통하려고 노력하면 발표를 즐거운 경험으로 만들 수 있습니다.

기회는 많다!

이번 발표가 마치 처음이자 마지막 기회인 것처럼 생각하니까 '절대 실수하면 안돼.'라는 생각을 하게 되고, 그럴수록 불안과 공포가 커집니다. 하지만 우리에겐 다음이 있습니다. 이번 발표를 망쳐도 만회할 기회가 생길 것이고, 이번 시험을 망쳐도 다음 시험이 기다리고 있으며, 원하는 대학을 가지 못해도 꿈을 펼칠 수 있는 길은 얼마든지 있어요. 삶은 우리에게 끊임없이 기회를 주고, 우리는 원하는 일에 언제든 도전할 수 있습니다. '실수하면 어때, 기회는 얼마든지 있어.' 하고 마음먹는 순간 여유가 생길 것이고, 벌어지지도 않은 결과에 연연하기보다 지금 이 순간 내가 할 수 있는 것에 집중하게 될 것입니다. 잘해야 한다는 부담을 버리고 수많은

도전과 실패를 발전의 기회로 삼아 즐기면 긴장과 불안조차 기대
와 설렘으로 바뀔 거예요.

나 자신을 인정하고 사랑하기

사실 이런 불안은 낮은 자존감이 근본적인 원인인 경우가 많습
니다. 자존감은 자아 존중감의 줄임말로, 자신을 가치 있게 여기는
감정과 태도를 말합니다. 자존감이 낮은 사람은 자신이 가치 없고
부족한 존재라고 생각합니다. 발표를 통해 자신의 부족한 실체가
드러나면 주변 사람들이 실망하게 될까 봐 두려운 것입니다. 사람
들이 나를 부정적으로 평가할까 봐 도전하지 못하고 회피하는 것
이고요.

자신을 아끼고 사랑하는 것은 발표 불안을 해결하는 데 도움이
될 뿐 아니라 우리의 일상생활 전반의 만족감을 높입니다. 사람들
은 누구나 자신을 보기 좋게 포장하지요. 그래서 우리는 다른 사람
의 포장된 모습만 보기 때문에 상대적으로 자신을 초라하게 느끼
기도 합니다. 누가 봐도 꽤 괜찮은 사람인데 자신이 멋있다는 것을
모르고 스스로 낮추고 비하하는 사람들이 있어요. 사실 포장을 벗
기면 사람은 모두 거기서 거깁니다. 자신을 부끄러워하고, 창피해
하지 마세요.

세상 모두가 나를 욕해도 나만큼은 나를 지지하고 위로하고 사랑해야 합니다. 내가 나를 사랑하지 않으면 남들 눈에도 그게 보인답니다. 스스로를 부끄러워하고 자신 없어 하면 다른 사람들도 나를 그렇게 여길 수 있어요. 내가 그런 대우를 받도록 내버려 둘 건가요? 부족하면 부족한 대로 있는 그대로의 내 모습을 인정하고 사랑할 때 자존감은 높아집니다. 타인의 평가에 연연해 자신을 함부로 대해서는 안 됩니다. 나의 가치는 다른 사람에 의해 결정되지 않아요. 내가 소중한 이유는 내가 그렇다고 믿기 때문입니다.

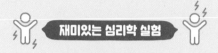

사회 불안 검사

다음 각 상황을 주의 깊게 읽고 해당 상황에 대한 '공포', '회피'의 정도를 답해 보세요. 왼쪽 칸에는 그 상황에서 여러분이 불안하거나 두려운 정도를 수치로 적으면 됩니다. 오른쪽 칸에는 그 상황을 얼마나 자주 회피하는지를 수치로 적으면 됩니다. 평소에 경험하지 못한 상황이라면 '만약 내가 그 상황이라면' 하고 상상하면서 답해 보세요.

공포		회피	
공포를 느끼지 않는다	0	회피하지 않는다	0
약간 공포를 느낀다	1	가끔 회피한다	1
중간 정도의 공포를 느낀다	2	자주 회피한다	2
극심한 공포를 느낀다	3	항상 회피한다	3

번호	문항	공포	회피
1	여러 사람이 있는 장소에서 전화할 때		
2	소모임에 참여할 때		
3	여러 사람이 있는 장소에서 음식을 먹을 때		
4	공공장소에서 사람들과 술을 마실 때		
5	권위 있는 사람에게 이야기할 때		
6	청중 앞에서 어떤 행동이나 말을 할 때		
7	파티에 갈 때		
8	다른 사람들이 지켜보고 있는 상황에서 일을 할 때		
9	다른 사람들이 지켜보고 있는 상황에서 글씨를 쓸 때		
10	잘 모르는 사람에게 전화를 걸 때		
11	잘 모르는 사람과 이야기를 할 때		
12	낯선 사람들과 처음으로 만날 때		
13	공공 화장실에서 소변을 볼 때		
14	이미 사람들이 앉아 있는 방에 들어갈 때		
15	사람들의 관심이 나에게 집중될 때		
16	공식적인 모임에서 나의 의견을 말할 때		
17	시험 볼 때		
18	잘 모르는 사람에게 반대 의사를 표현할 때		
19	잘 모르는 사람을 정면으로 쳐다볼 때		
20	모임에서 발표할 때		
21	잘 모르는 사람을 데리러 갈 때		
22	상점에서 물건을 교환할 때		
23	파티를 열어 사람들을 초대할 때		
24	물건을 사라는 끈질긴 요구를 거절할 때		

리보비츠의 사회 불안 척도(LSAS), 1987.

이 척도는 미국의 정신과 의사 마이클 리보비츠[Michael Liebowitz]가 1987년에 개발한 사회 불안 척도입니다. 많은 학자에 의해 신뢰도와 타당도가 검증된 척도이며, 사회 불안을 측정하는 데 폭넓게 사용되고 있습니다.

결과 해석

공포 점수와 회피 점수의 합이 최종 점수입니다.

총점

0~29   사회 불안을 겪지 않음

30~49   가벼운 사회 불안

50~64   중간 정도의 사회 불안

65~79   현저한 사회 불안

80~94   심한 사회 불안

95~   매우 심한 사회 불안

집보다
도서관에서 공부가 잘되는
이유는?

#사회촉진
#각성
#긴장
#이완

우리는 사람들 속에서 여러 가지 과제를 수행하며 살아갑니다. 공부하는 것도, 운동하는 것도, 발표하는 것도 사람들이 지켜보는 가운데에서 이루어지는 경우가 많죠. 타인의 존재는 우리의 과제 수행에 영향을 미칩니다. 우리의 과제 수행을 촉진하기도 하고, 때로는 저해하기도 합니다.

오늘 하루도 힘을 내서 해야 할 일들을 해내는 건 지켜봐 주는 친구들과 가족이 있기 때문입니다. 우리는 주목받을 때 몸 안에서 어떤 힘이 생기곤 해요. 그힘이 과제에 더 집중하게 만들고, 수행을 더 지속하게 만들지요.

하지만 매 순간 남들의 시선을 의식하면서 좋은 모습을 보여 주기 위해 애쓰다 보면 지치기도 합니다. 그럴 땐 혼자만의 공간에서 조용히 휴식을 취하고 싶어져요. 특히나 타인에 대한 경계심이 높은 사람, 사람을 두려워하는 사람은 사람들 속에 있을 때 지나치게 긴장하고 불안해하기도 합니다.

이처럼 타인의 존재는 우리 삶에 꼭 필요하면서 동시에 부담스러운 요인이되기도 합니다. 사람들 속에서 적당한 긴장감을 유지하면서 능력을 발휘하고 건강하게 살아가려면 어떻게 해야 할까요?

도서관은 내 방 보다 불편하지만

편안한 내 방보다 도서관이나 카페에서 공부할 때 집중이 더 잘 된다고 느낀 적 있지 않나요? 두 공간의 가장 큰 차이는 주변에 사람이 있느냐 없느냐 입니다. 평소에 공부를 열심히 하는 여준이도 자기 방보다는 도서관에서 더 집중하는 모습을 보여 주네요. 그렇다면 타인의 존재가 과제 수행을 촉진했을 것이라고 유추할 수 있습니다. 왜 그런 현상이 나타날까요?

우선, 타인의 존재는 평가 우려를 촉발합니다. 주변 사람들이 나를 보고 있으면, 그들이 나를 평가할지도 모른다는 생각이 들지요. 따라서 바람직한 모습을 보여 주고자 애쓰게 됩니다. 집에서는 공부하다가 게임을 해도, 유튜브를 시청해도, 잠을 자도 뭐라고 할 사람이 없지요. 게으르고 지저분한 모습이라도 누군가에게 들킬 일이 없기 때문에 자유롭게 행동하게 되고요. 반면 도서관에서는 각자 자기 자리에 앉아 소통하지 않고 조용히 공부하더라도 낯선 사람들의 시선을 느끼며, 이들이 나의 행동을 지켜보고 있을지도 모른다는 생각을 하게 됩니다. 도서관에 있는 사람들을 일종의 관찰자이자 평가자로 인식하는 것이지요. 이들에게 바람직한 모습을 보여 주려는 자기 제시 동기가 작동하면서 행동거지에 신경을 쓰게 됩니다. 열심히 공부하는 모습을 보이려 하고, 작은 소음도 내지 않으려 조심하게 되는 것처럼 말이에요.

또한 타인의 존재는 우리를 각성시킵니다. '각성'이란 자극에 반응하여 나타나는 생리적, 심리적 상태를 뜻합니다. 각성은 인간이 자신의 안전을 지키기 위해 환경에 적응한 결과로 나타난 진화의 산물입니다. 낯선 사람 혹은 위험한 육식 동물이 접근했을 때 나와 가족의 안전을 지키려면 짧은 시간 안에 싸우거나 도망칠 수 있는 몸 상태를 만들어야 합니다. 이에 따라 우리 몸은 위험을 감지했을 때 혈압과 체온을 올려 순간적으로 힘을 쓸 수 있고, 신경을 활성화해 감각이 예민해지도록 진화했습니다.

현대는 낯선 사람이나 육식 동물로부터 빈번하게 생명의 위협을 느끼는 시대는 아니지만 여전히 다른 사람의 존재는 우리를 각성하게 만듭니다. 각성하면 몸이 과제를 수행할 준비를 하기 때문에 수행 능력이 향상됩니다. 이렇게 무엇인가를 혼자서 할 때보다 남들이 지켜볼 때 개인의 수행 능력이 높아지는 현상을 '사회 촉진'이라고 합니다.

보는 눈이 있을 때
숙달된 일은 더 잘하고, 서툰 일은 더 못한다

다른 사람이 지켜본다고 해서 무조건 수행 능력이 향상되는 것은 아닙니다. 과제의 특성에 따라 수행 능력에 차이가 나타나는데요. 쉽고 단순한 과제, 반복 훈련을 통해 몸에 익은 과제, 충분히 학습이 이루어진 과제의 경우 다른 사람의 존재가 과제 수행을 촉진

합니다. 반복된 연습으로 안무를 완벽하게 습득한 댄서는 긴장한 상황에서도 무리 없이 과제를 수행할 준비가 되어 있어요. 오히려 관객들이 자신을 주목하고 응원하고 있기 때문에 기분 좋은 흥분 상태가 되어 연습 때보다 더 멋진 무대를 보여 줄 수 있지요. 익숙한 과제의 경우에는 다른 사람의 존재가 우리를 각성시켜 더 나은 결과를 낼 수 있다는 것입니다.

반면 과제가 복잡하여 머리를 많이 써야 하거나, 과제 자체가 익숙하지 않고 연습이 부족한 상태라면 다른 사람의 존재가 오히려 과제 수행 능력을 떨어뜨립니다. 많은 사람 앞에서 발표를 해야 하는데 발표 내용을 충분히 숙지하지 못한 상황을 상상해 보세요. 입으로는 말을 하면서 머리로는 다음에 말할 내용을 떠올려야 하는데, 준비가 부족하면 바로바로 떠오르지 않겠죠. 게다가 사람들이 쳐다보고 있으니 그들에게도 일정 정도 주의를 빼앗깁니다. 익숙한 과제를 수행할 때보다 신경 쓸 것이 많다 보니 과부하가 걸리고, 당황하기 시작하면 각성 수준이 지나치게 높아집니다. 너무 긴장한 나머지 머릿속이 엉켜서 혼자서 연습할 때보다 더 많은 실수를 저지르고 맙니다. 복잡한 과제의 경우 다른 사람의 존재가 과제 수행을 저해하는 결과로 이어지는 것이지요.

도서관의 경우, 주변 사람들에게 공부하는 모습을 보여 주는 것이 그곳에서의 과제라고 할 수 있겠네요. 매우 단순한 과제이기 때문에 많이 긴장하지는 않고, 집에 있을 때보다는 좀 더 깨어 있는 적당한 각성 상태가 되어 공부가 더 잘 되는 것입니다.

나에게 맞는 각성 수준 찾기

각성 수준이 1부터 10까지 있다면 1은 막 잠에서 깨어난 상태에 해당합니다. 몸이 이완되어 있고 의식은 또렷하지 않아서 무엇인가를 하기에는 준비가 덜 된 상태이지요. 각성 수준이 높아질수록 신경이 활성화되고 몸에 생리적 변화가 나타나면서 긴장과 흥분 상태로 변하게 됩니다.

같은 상황이라도 사람마다 각성 수준이 다르고 느끼는 정서도 다릅니다. 많은 사람 앞에 설 때 느끼는 떨림과 흥분을 기분 좋게 즐기는 사람이 있는가 하면 지나치게 긴장하고 불편해하는 사람도 있어요.

다양한 상황에서 자신의 각성 수준이 어떤지 점검해 보고, 자신에게 맞는 각성 수준을 찾을 필요가 있습니다.

- 공부할 때 꾸벅꾸벅 졸고 있지 않나?(각성 수준이 지나치게 낮은 상태)
- 발표할 때 긴장해서 실수를 반복하고 있지 않나?(각성 수준이 지나치게 높은 상태)

- 쉴 때 편하게 쉬지 못하고, 학업이나 진로에 대한 스트레스를 받고 있지 않나?(각성 수준이 높은 상태)

각 상황에서 본인이 생각하는 적정한 각성 수준보다 지나치게 높거나 낮다면 각성 수준을 조절할 방법을 찾아보아야 합니다. 각성 수준이 지나치게 높으면 몸의 이완, 심호흡, 마인드 컨트롤 등 생리적 긴장을 줄일 수 있는 자신만의 방법을 찾아 연습하고 적용해 보세요. 각성 수준이 지나치게 낮으면 자극이 있는 상황이나 환경을 만들어 보고요. 방이 아니라 거실에서 공부한다거나 낯선 사람들이 있는 도서관에 가는 것 등이 방법이 될 수 있습니다.

멀리 가기 위한 휴식

긴장만큼이나 이완도 우리 삶에서 중요합니다. 팽팽한 긴장이 지속될 경우 잘못하면 줄이 끊어지니까요. 그래서 우리 몸은 생존을 위해 스스로 긴장과 이완을 조절하도록 진화했습니다. 예를 들어 학년 초에는 서로 눈치 보면서 행동을 조심하는데, 학년 말이 되면 익숙해져서 수업 시간에 졸고 떠들잖아요. 긴장 상태로 생활하다보면 금방 지치기 때문에, 환경이 바뀌더라도 금방 적응해 편안함을 느끼도록 진화한 것입니다.

그러나 긴장과 이완의 조절 장치가 망가진 사람들도 있습니다. 사회 불안이 있어 사람들 속에 있는 것 자체를 불편해하는 사람은 집단 안에서 항상 긴장을 하며 살아갑니다. 이런 사람일수록 이완이 꼭 필요하고요. 어깨가 자주 뭉치거나 사람들 앞에서 신체 활동을 하는 것이 어색하고 경직되어 있다면 평소에 많이 긴장하고 있다는 것입니다. 편안히 누워 눈을 감고 몸에서 힘을 빼 보세요. 눈을 감는 것은 몸에서 나타나는 반응에 집중하기 위한 거예요. 힘을 빼 보면 내 몸이 얼마나 경직되어 있었는지 알 수 있습니다. 의식적으로 몸에서 힘을 빼는 훈련을 하면, 필요할 때 몸을 이완시킬 수 있으므로 긴장과 이완을 조절할 수 있게 됩니다. 또한 숙면을 취하거나 따뜻한 물로 목욕하는 것도 몸을 이완하는 데 효과적이에요. 몸이 이완되면 마음도 이완됩니다.

미래에 대한 불안으로 스스로를 끊임없이 닦달하고 괴롭히는 사람들은 긴장과 이완을 확실히 분리해야 합니다. 이런 사람들은 휴식을 취할 때조차 제대로 쉬지 못하는 경우가 많아요. '숙제해야 하는데.' '시험공부 해야 하는데.'라며 끊임없이 신경을 곤두세우고 있지요. 노래방에 가서 노래는 부르지 않고 숙제 걱정을 하고, PC방에 가서 게임은 안 하고 시험 걱정을 하고……. 제대로 휴식을 취하는 것도, 그렇다고 공부를 하는 것도 아닌 채로 긴장 상태가 계속되면 주의 집중력이 떨어질 수밖에 없고 결국 만성 피로를 경험하게 됩니다.

인간의 집중력은 한계가 있으므로 집중이 필요한 때에 충분히 집중하기 위해서는 푹 쉴 줄도 알아야 합니다. 컴퓨터의 전원을 켜고 끄듯이 과제 수행과 휴식을 명확히 분리하는 것이죠. 휴식을 취할 때는 고민을 접어 두세요. 신나게 수다 떨고, 재미있는 웹툰을 보고, 잠자는 일에만 몰두하세요. 이러한 연습을 충분히 한다면 집중력이 향상되어 짧은 시간을 공부하더라도, 피로한 상태에서 오래 공부하는 것보다 훨씬 더 많은 양을 학습할 수 있습니다. 이완이 긴장을 효과적으로 만드는 것이지요.

위로 점프하려면 먼저 무릎을 굽혀 몸을 아래로 낮춰야 하는 것처럼, 앞으로 공을 던지려면 팔을 뒤로 젖혀야 하는 것처럼, 충분한 휴식이 꼭 필요한 순간 우리에게 힘을 줄 것입니다.

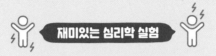

난 보는 사람이 있을 때 더 잘해

미국의 사회심리학자 로버트 자욘스Robert Zajonc는 다른 사람의 존재가 쉬운 과제의 수행은 촉진하고, 어려운 과제의 수행은 억제한다고 말합니다(1965). 캐나다 토론토대학교의 로버트 코처Robert D. Kotzer는 이 효과를 증명하기 위해 관중이 있을 때와 없을 때 농구 선수들의 자유투 성공률이 어떻게 다를지 실험했습니다(2007).

선수들을 숙달도에 따라 전문가(10명)와 초보자(10명)로 구분했는데, 이렇게 구분한 이유는 쉬운 업무(전문가), 어려운 업무(초보자)라는 조건을 갖추기 위해서입니다. 전문가에게 자유투는 쉬운 업무이고, 초보자에게 자유투는 어려운 일이니까요. 이들은 각각 관중 앞에서 25개, 관중 없이 25개의 자유투를 던졌습니다.

'정말 그럴까?'라고 반신반의했는데 재미있는 결과가 나왔네요. 전문가의 경우 관중 앞에서 18개, 혼자 있을 때 16개를 성공했으며 초보자의 경우 관중 앞에서 6개, 혼자 있을 때 9개를 성공했거든요.

다른 사람의 존재가 전문가에게는 집중력을 발휘할 수 있는 긍정적
인 요인으로 작용했고, 초보자에게는 긴장과 불안, 부담 요인으로
작용했다고 볼 수 있겠군요.

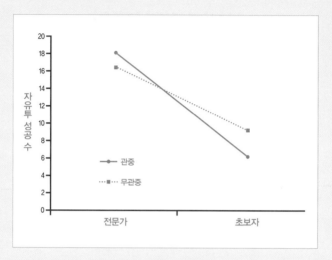

관중의 존재 여부와 숙달도가 자유투 수행에 미치는 영향

학교 폭력은
왜
잘 드러나지 않을까?

#학습된무력감

#사회적고립

#트라우마

* * *

학교는 학생들이 하루 중 가장 오래 머무르는 공간입니다. 이곳에서 우리는 미래를 꿈꾸며 하루하루 성장합니다. 학교가 제 역할을 다하려면 그 어느 곳보다 안전하고 편안해야 합니다. 그래야 청소년들이 자기 계발에 집중하고, 잠재력을 꽃피울 수 있습니다.

하지만 현실은 어떤가요? 학교 폭력으로 많은 청소년이 불안과 우울을 경험하고, 때로는 학교를 떠나거나 삶을 포기하기도 합니다. 직접적인 피해자가 아니어도 폭력을 곁에서 목격하는 것만으로 심각한 트라우마를 입을 수 있습니다. 세계는 내가 생각했던 것과 다르게 폭력적인 곳이라는 것을 깨닫기도 하고, 학교 폭력 피해자가 되지 않기 위해 잔뜩 움츠린 채 폭력 가해자들의 눈치를 보기도 하고, 일부는 폭력에 동조함으로써 피해자가 아닌 가해자가 되는 길을 선택하기도 합니다. 지켜보는 눈이 많은 교실에서 민재는 괴롭힘을 당하고 있지만, 누구 하나 가해자를 말리는 사람이 없네요. 오히려 재미있다는 듯이 웃는 학생도 있고요.

사회가 이 문제를 해결하기 위해 나름대로 노력하고 있지만, 여전히 어른들이 알지 못하는 시간과 공간에서 수많은 폭력이 발생하고 있습니다. 우리는 어떻게 대처해야 할까요? 어떻게 하면 안전하고 행복한 학교를 만들 수 있을까요?

교실 안, 침묵하는 목격자들

청소년과 성인의 세계는 공존하는 동시에 분리되어 있습니다. 24시간을 어른들과 함께 생활하는 것이 아니기 때문에 어른들 없는 시간과 공간에서 청소년들은 자신들만의 세계를 만듭니다. 일부 청소년들은 어른들이 만들어 놓은 규범에 저항하기도 하고, 자신들만의 규범과 문화를 만들기도 합니다. 그런 문화를 어른들이 부정적으로 바라보거나 금지하면 의도적으로 감추기도 하고요.

교실이라는 좁은 공간에서 소위 '일진'이라 불리는 아이들은 다수의 선량한 학생에게 매우 위협적인 존재로 군림합니다. 그런 분위기 속에서는 사회 규범보다도 일진들이 만들어 놓은 암묵적인 규칙에 동조할 수밖에 없습니다. 예를 들어 일진들이 누군가를 때렸을 때 '어른들에게 말하지 말 것' '보고도 못 본 체할 것'이 일종의 규칙으로 작동하는 것이지요. 일진들은 미성숙하고 충동적인 행동으로 다른 학생들의 인권을 침해하면서도 제대로 된 처벌을 받지 않는 경우가 많습니다. 국가도 권력자의 자의적인 통치를 막기 위해 권한을 법으로 제한하는데, 청소년의 세계에서는 일진들을 제어할 마땅한 장치가 없습니다.

학교 폭력의 목격자들은 왜 침묵하는 걸까요? 학교라는 제한된 공간에서 수년 동안 함께 생활해야 하므로 일진에게 찍히는 것은 위험을 자초하는 일입니다. 대부분의 청소년에게 학교는 다니고 말고를 선택할 수 있는 곳이 아닙니다. 가기 싫어도 매일 가야 하는 곳이죠. 그러므로 대부분의 목격자는 졸업할 때까지 자신에게 피해가 가지 않도록 행동합니다. 그 결과 학교 폭력은 잘 드러나지 않습니다. 가끔 수면 위로 떠오르는 학교 폭력에 관한 뉴스를 접하면 그 심각성에 모두가 놀라지만 사실 드러난 것은 빙산의 일각에 불과합니다. 실제 일어나는 학교 폭력 건수는 훨씬 더 많을 것입니다.

학교 폭력 가해자의 심리

가해자들은 폭력을 사용 가능한 수단으로 인식하는데, 여기에는 세 가지 조건이 필요합니다.

첫 번째 조건은 폭력의 학습입니다. 사회는 명시적으로 '폭력은 어떠한 경우에도 정당화될 수 없다.'라고 가르치지만, 가해자들은 직간접 경험을 통해 폭력을 학습합니다. 이 시기 청소년들은 친구의 행동을 따라하는 경우가 많습니다. 모방을 통해 학습하는 거죠. 폭력을 사용하는 어른들이나 친구들의 모습이 멋있게 보인다면 학습은 더 쉽게 이루어집니다. 폭력을 미화하는 각종 미디어 콘텐츠에 노출되는 것도 큰 영향을 미칩니다. 폭력을 사용해 문제를 해결하는 인물들의 모습을 보면서 폭력에 대한 거부감이 줄고, 사용 가능한 수단으로 인식할 가능성이 큽니다.

두 번째 조건은 사회로부터 폭력을 사용해도 된다는 잘못된 신호를 받는 것입니다. 폭력을 사용했을 때 그에 맞는 적절한 지도나 처벌을 받으면 폭력 행동은 감소합니다. 그러나 제대로 된 처벌을 받지 않으면 사용해도 되는 것으로 인식하지요. 처벌은커녕 주변 사람들로부터 존재감을 인정받으면 폭력의 사용을 마다할 이유가 없게 됩니다. 우리 사회와 학교는 가해자들에게 올바른 신호를 보내고 있는지 반성해야 합니다.

세 번째 조건은 폭력을 통해 이익을 얻는 것입니다. 금전적인 이익 또는 타인에 대한 지배력을 얻거나, 억눌린 분노를 해소하거나, 우월감을 느끼는 등 물질적, 심리적으로 얻는 것이 있을 경우 폭력을 유용한 수단으로 인식합니다. 처벌 대신 보상을 얻게 된다면 가해자들은 위험을 감수하더라도 폭력을 반복하여 사용하게 되겠지요.

청소년기는 배우고 도전하면서 성취감을 느끼는 시기입니다. 자신의 가능성을 확인하고 주변 사람들로부터 인정받기를 원합니다. 그러나 학교는 성적이 좋은 소수의 학생만이 성취감을 느끼기 쉬운 구조입니다. 부모님이 신경 써 주지 않아서 혹은 공부에 흥미가 없어서 학습 기본기를 갖추지 못한다면 학교에서 성취감을 느끼기란 쉽지 않습니다. 학교생활을 하면 할수록 '나는 잘 하는 게 아무것도 없는 쓸모없는 존재'라고 인식하게 되지요. 자신을 가치 있는 존재로 인식하려는 자기 고양 욕구는 인간이 가진 가장 기본적이고 강력한 욕구입니다. 좌절을 반복해서 경험한 청소년은 다른 영역에서 자신의 가치를 증명하고자 할 것입니다. 학교 폭력 가해자의 경우 폭력을 통해 분노를 표출하고 좌절감을 보상받습니다. 타인을 짓밟으면서 우월감을 느끼고 자신의 가치를 확인하는 것이지요.

피해자는 왜 주변 사람들에게 말하지 못할까?

그렇다면 학교 폭력 피해자는 왜 부모님이나 선생님, 주변 친구들에게 피해 사실을 말하지 못하는 걸까요?

가장 큰 이유는 가해자의 협박과 위협 때문입니다. 피해 청소년에게 가해자는 부모님, 선생님, 법보다 더 두렵고도 가까운 존재입니다. 어른들에게 말한다 해도 가해자 처벌이 미약한 경우가 많고, 같은 학교에서 계속 생활해야 하는 경우가 많습니다. 결국 피해자를 기다리는 것은 보복뿐인 셈이지요. 이러한 안일한 시스템이 피해자를 침묵하게 만듭니다. 또한 최근의 악질 가해자들은 피해자들이 '자신의 잘못'으로 느끼도록 범죄의 판을 짜기도 합니다.

피해자 A를 때릴 때 피해자 B를 불러 같은 공간에 머물게 함으로써 공범으로 만드는 식으로요.

잘못된 성 역할 고정 관념도 문제입니다. 남자아이들은 어려서부터 '남자는 강해야 한다.' '네가 남자니까 나중에 크면 엄마 지켜줘야 해.'와 같은 성 역할 고정 관념을 배우며 자랍니다. '강하다' '지키다'라는 말은 물리적인 힘을 전제로 한다는 점에서 많은 남성이 '힘'을 갖추어야 할 덕목으로 생각합니다. 그 결과 일부 남성은 폭력성을 자랑스러워하고 힘을 과시하는 것에 부끄러움이 없으며, 피해 남성은 자신의 피해 사실을 수치스러워합니다. 잘못한 놈이 큰소리를 치고 잘못 없는 사람이 숨죽이는 현상이 나타나는 것이지요.

학교 폭력을 청소년 간의 경쟁이나 승부로 보는 잘못된 인식 또한 피해자의 입을 닫게 하는 요인 중 하나입니다. 우리 사회에는 승자에 대한 긍정적 이미지, 패자에 대한 부정적 이미지가 존재합니다. 어릴 때부터 경쟁에서 이겨야 한다고 가르치고 배우지요. '어디 가서 맞고 다니지 마.' '다른 사람들한테 만만하게 보이지 마.' 등 차라리 싸워서 이기라는 말을 한 번쯤은 들어 봤을 거예요. 학교 폭력을 마치 우열을 가리기 위한 승부나 경쟁으로 착각하게 만드는 이러한 프레임에 빠지면 가해자는 승자, 피해자는 패자라는 잘못된 인식을 가지게 됩니다.

가족과 친구들에게는 멋진 모습만 보여 주고 싶잖아요. 그래서 폭행 피해를 부끄러워하는 청소년들은 주변 사람들에게 말도 못 하고 혼자서 속앓이하는 경우가 많습니다. 자책하고 스스로를 막다른 길로 몰아붙입니다. 그러는 사이 심리적으로는 점점 더 위축되고 불안과 우울에 시달릴 수밖에 없지요.

자신의 생각이 맞는지 틀린지를 올바르게 판단하기 위해서는 주변 사람들과 소통해야 합니다. 나와 다른 관점에서 상황을 바라보는 사람들의 조언이 더해지면 내가 처한 상황을 좀 더 객관적이고 합리적으로 이해할 수 있습니다. 가족과 친구는 내가 보지 못하는 것을 알려 주기도 하고, 무엇보다 내 마음에 귀를 기울여 줄 거예요.

어떤 경우에도 폭력은 용인될 수 없습니다. 이러한 고민을 가진 청소년이 있다면 청소년 폭력 예방 재단(1588-9128)이나 청소년 사이버 상담 센터(1388)를 이용해 보길 권합니다.

폭력이 지속되면 학습된 무력감에 빠진다

서커스단의 재주 부리는 코끼리, 본 적 있나요? 인간보다 덩치도 크고 힘이 센 코끼리가 사람이 시키는 대로 재주를 부리게 만들려면 어릴 때부터 통제를 시작해야 합니다.

어린 코끼리의 한 발을 줄로 묶어 말뚝에 고정합니다. 어린 코끼리는 발버둥 쳐 보지만 아무리 애를 써도 벗어날 수 없습니다. 발버둥 치다 힘이 빠지면 쓰러져 자고, 다음 날 다시 시도하고, 그렇게 몇 날 며칠을 반복하다 보면 결국 자유를 포기하게 됩니다. 자신의 처지를 당연하게 받아들이고 줄의 길이가 허용하는 범위 안에서만 움직입니다.

그렇게 성장한 코끼리는 줄을 끊거나 말뚝을 뽑을 충분한 힘을 가지게 되어도 어릴 때 학습한 '나는 줄을 끊을 수 없어.'라는 생각에 계속 갇혀 있습니다. 충분히 성장하고 발전했지만 줄에 묶인 삶을 그대로 유지합니다. 이처럼 피할 수 없거나 극복할 수 없는 환경에 지속적으로 노출된 과거의 경험 때문에 자신의 능력으로 피하거나 극복할 수 있는 상황에서도 지레 자포자기하는 것을 '학습된 무력감'이라고 합니다.

지속적인 폭력에 방치된 피해자들은 지옥과도 같은 상황에서 벗어나려는 시도조차 하지 못하는 무력감에 빠지기 쉽습니다. 이들의 무력감은 가정에서 시작되는 경우가 많고요. 어릴 때는 생활의 대부분을 부모님에게 의존해 살아갈 수밖에 없는데, 그런 부모님이 물리적, 정서적 폭력을 사용해 통제한다면 아이는 어떻게 반응할까요? 생존을 위해 부모님이 시키는 대로 할 수밖에 없을 것입니다.

극복할 수 없는 폭력을 경험하게 되면 폭력을 가하는 대상이 바뀌어도 마찬가지의 반응을 보이게 됩니다. 자신은 힘이 없으니 누군가가 나를 통제하려고 하면 그 통제를 따라야 한다고 생각하는 거예요.

연대, 한 덩어리로 서로 연결되어 있음

폭력에 지속적으로 노출되면 인간을 대하는 태도가 바뀌게 됩니다. 가해자에 대한 두려움이 인간 전체에 대한 두려움으로 확장되지요. 우리는 일반적으로 공공장소에서 누군가가 이유 없이 공격할 것이라는 불안을 갖지 않아요. 사람들의 반응을 어느 정도 예측할 수 있기 때문이지요. 그러나 폭력의 피해자는 상대방의 기분이 갑자기 나빠져 자신을 공격할지 모른다는 불안감을 항상 가지고 있습니다. 이러한 두려움은 사회관계 전반에 영향을 미쳐 다른 사람과의 상호 작용을 회피하거나 소통하는 데 어려움을 겪고, 그 결과 사회적으로 고립되고 맙니다.

사회적 고립은 다른 사람과 접촉이 없거나 어려울 때 도움받을 사람이 없는 상태를 말합니다. 접촉이 없다는 것은 만나는 사람이 없다는 의미이기도 하지만 여러 사람과 함께 있더라도 속마음을 터놓을 사람이 없는 상태를 말합니다. 오히려 함께 있는 사람을 두려워하고 있다면 혼자 있는 것보다 더 극심한 스트레스를 받습니다. 누구 하나 믿을 사람이 없고, 세상에 자기 혼자라고 느끼며, 폭력이라는 고통에서 절대 벗어날 수 없을 것이라고 생각하게 됩니다.

이처럼 상황을 극단적으로 인식하는 고립 상태의 사람이 스스로의 힘으로 상황을 극복하기란 사실상 무리입니다. 주변 사람들이 상황을 인지하고 도움을 주어야 합니다. 힘들다는 내색도, 주변 사람들에게 도움을 청할 엄두도 내지 못할 그들은 그저 묵묵히 견디며 주변 친구들이, 선생님이, 가족이 알아채 주길 바라고 있을지 모릅니다.

나와 가까운 소중한 가족과 친구들부터 살펴보세요. 이전에 비해서 말과 행동이 비관적이거나 신경질적으로 바뀌고, 자기 관리(잘 씻지도 않고, 옷차림도 신경 쓰지 않는 등)를 제대로 하지 않거나 혼자만 있으려고 하는 이가 있다면 다가가 말을 건네 주세요. 처음에는 밀어내려 하겠지만, 우리에게 의지해도 괜찮겠다는 확신이 생기면 자신의 이야기를 들려줄 것입니다. 피해 사실을 확인했다면 힘을 합칠 수 있는 사람들이 모여 신중하게 해결 방법을 모색해 봅시다.

폭력은 인간을 병들게 합니다. 분노가 폭력을 낳고, 폭력이 또 다른 폭력을 낳으면 전염병처럼 돌고 돌다가 결국 내 차례가 될 것입니다. 인간은 홀로 존재할 수 없어요. 서로가 서로에게 연결되어 있다는 유대감을 가질 때 나는 너를, 너는 나를 지탱해 줄 수 있습니다.

서로 연대해 우리가 생활하는 공간에서 폭력을 몰아내야 합니다. 건강한 사회에서 우리 가족과 친구들이 행복하게 살아갈 수 있도록 말이에요.

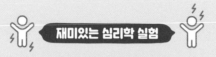
재미있는 심리학 실험

좌절이 공격성을
증가시킬까?

독일의 사회과학자 요하네스 브로이어Johannes Breuer와 그의 동료들은
다른 사람과 대결하는 축구 게임의 결과와 트래시 토킹trash talking(운
동선수들이 상대 선수에게 조롱이나 위협, 잡담 등 쓸데없는 말을 하는 행
위)이 공격 행동에 미치는 영향을 연구했습니다(2015). 76명의 참가
자를 대상으로, 공격 행동을 측정하기 위해 CRTTCompetitive reaction time
task를 사용했습니다. CRTT란 모니터에 특정 문자가 나왔을 때 키
보드의 스페이스바를 누가 빨리 누르는지를 경쟁하는 반응 시간 게
임입니다. 두 사람 중 먼저 스페이스바를 누르는 사람이 이기게 되
고, 이긴 사람은 1초에서 9초 사이의 시간을 지정해 상대방에게 소
음 공격을 할 수 있는데요. 공격 시간이 길수록 공격적인 행동이 증
가했다고 판단합니다.

　참가자들은 축구 게임을 했던 상대와 CRTT를 하는 것으로 알고
있었고, 축구 게임에서 이겼을 때보다 졌을 때, 상대방에 대한 소음

공격 시간이 유의미하게 증가함을 확인할 수 있었습니다. 반면 상대방에게 트래시 토킹을 들었을 때와 듣지 않았을 때 공격 행동에 유의미한 차이는 나타나지 않았습니다.

결과적으로 게임의 패배, 즉 좌절이 공격적인 행동에 영향을 미쳤다고 할 수 있습니다. 좌절은 어떠한 계획이나 목표가 달성되지 못하고 실패한 상태를 말합니다. 우리는 누구나 좌절을 경험합니다. 하지만 좌절을 경험했다고 해서 모두가 공격적인 행동을 하는 것은 아니지요. 좌절에서 오는 분노 등의 정서를 잘 관리하고, 그것을 긍정적인 에너지로 변환하여 성장의 발판으로 삼아야겠습니다.

2부

 관계

: 궁금한 우리 사이

나는 왜
자꾸 친구에게
집착할까?

#안정형애착
#회피형애착
#양가형애착

＊ ＊ ＊

우리는 때때로 가족보다 친구와의 우정을 더 중요하게 생각합니다. 친구들과 잘 지내고 싶어 하는 만큼 친구와의 관계에서 스트레스도 많이 받습니다.

연수는 새 학년이 시작되면서 처음 사귄 친구 지원이가 너무도 소중하대요. 학교에서도 늘 붙어 다니고, 하굣길도 항상 함께하는 둘도 없는 단짝이에요. 그런데 시간이 흐르면서 사교성 좋은 지원이에게는 연수 말고도 다른 친구들이 많아졌어요. 예전에 비해 둘의 관계가 소원해진 것 같아서 연수는 속상합니다. 요즘 들어 지원이는 전화도 잘 안 하고, 톡도 한참 뒤에야 확인해요. 연수는 지원이가 자신을 떠날까 봐 불안하고, 그래서 우울하고 때로는 미친 듯이 화가 납니다.

반면 지원이는 언제부턴가 연수가 부담스러워졌어요. 뭐든 같이 하려고 하고, 하나부터 열까지 다 알고 싶어 하고, 연락이 조금이라도 늦어지면 화를 내요. 결국 지쳐 버린 지원이는 연수와 거리를 두려 합니다. 여러분이라면 두 친구에게 어떤 조언을 해 주겠어요?

사람들과 관계 맺는 방식은
주 양육자와의 관계에서 배운다

갓 태어난 아기는 하루 종일 누워 지내지요. 다른 사람이 먼저 다가오지 않는 한 아기는 누구와도 소통할 수 없어요. 그렇다 보니 대부분의 시간을 가족과 보냅니다. 그중에서도 기저귀를 갈아 주고, 밥을 챙겨 주는 주 양육자와의 상호 작용이 가장 많아요. 누워만 있는 나에게 다가와 필요한 것을 챙겨 주는 사람, 곁에 머물면서 나를 돌봐 주는 사람이 아기에게는 매우 특별할 수밖에요. 주 양육자를 통해 아기는 사람을 처음 만나고, 사람이 어떤 특성을 가진 존재인지를 배우고, 사람과 관계 맺는 방법을 배웁니다.

아기는 요구 사항이 있을 때 소리 내 우는 것 말고는 딱히 표현할 방법이 없습니다. 이러한 신호에 대해 주 양육자가 어떻게 반응하느냐에 따라 아기는 타인에 대한 태도를 형성하게 됩니다. 주 양육자가 곧장 달려와 눈을 맞추면서 무엇이 필요한지를 살피고 그것을 채워 준다면 아기는 주 양육자를 신뢰할 만한 존재로 인식하겠지요. 또한 그 사람이 자신을 사랑하고 있다고 느낄 거예요.

반면 아무리 울어도 주 양육자가 응답하지 않으면 아기는 세상에 혼자라고 느끼겠지요. 자신은 사랑받지 못하는 존재라고 생각할 것이고, 사람을 믿을 수 없게 될 것입니다. 물론 이런 태도가 만들어지기까지는 오랜 시간에 걸쳐 유사한 상호 작용이 반복되었을 것이고요.

나의 애착 유형은 무엇일까?

영국의 정신의학자 존 볼비John Bowlby는 제2차 세계 대전으로 부모님을 잃고 보육원에서 자란 아이들이 타인과 지속적인 관계를 형성하지 못하는 현상에 관심을 가졌습니다. 이러한 현상이 주 양육자와의 관계에서 비롯되었다고 보고 '애착 이론'을 발전시켰지요. 양육자나 특별한 사회적 대상과의 상호작용이 쌓여 형성한 정서적 유대 관계를 '애착'이라고 하며, 이러한 애착 유형은 안정형과 불안정형(회피형, 양가형, 혼란형)으로 구분할 수 있습니다. 유아기에 형성된 애착 유형은 전 생애에 걸쳐 계속 사용되고, 모든 인간관계에 폭넓게 적용됩니다.

안정형은 양육자가 보이지 않아도 곧 돌아올 것이라는 믿음을 형성한 유형입니다. 사람에 대한 긍정적인 믿음을 가지고 있어서 버림받을까 봐 불안해하거나 집착하지 않습니다. 다른 사람들과 친해지는 것을 어려워하지 않으며, 친밀한 관계를 편안하다고 생각하지요.

회피형은 양육자에게 반복적으로 거부당한 상처를 가진 유형입니다. 내가 도움이 필요할 때 양육자가 거부했듯이 다른 사람들도 자신을 거부할 것이라는 두려움을 가지고 있습니다. 이들의 전략은 상처 받지 않기 위해 관계를 회피하는 것입니다. 타인과 일정 수준 이상 친해지면 불편함을 느끼고 거리를 둡니다.

양가형은 일관성 없는 양육자의 태도로 인해 인간관계에 불안감을 느끼는 유형입니다. 양육자가 외출했다 돌아오면 안아 주길 바라면서도 자신을 두고 나간 것에 화가 난 듯 거부하고 화를 내는 양가감정을 보입니다. 이 유형의 사람들은 상대방의 관심이나 사랑을 잃을까 봐 같이 있을 때조차 불안해합니다. 상대방의 기분과 행동이 조금만 변해도 매우 민감하게 반응하며, 사랑받고 있다는 사실을 끊임없이 확인하려 합니다. 상대방의 애정이 식었다는 생각이 들면 공격적인 태도로 돌변해 화를 내기도 하고요.

혼란형은 가장 늦게 발견된 애착 유형입니다. 안정형, 회피형, 양가형 어디에도 속하지 않는 반응을 보인 사람들이지요. 이들은 양육자에게 접근할 것인지 회피할 것인지 결정하지 못한 채 혼란스러워합니다. 양육자가 돌아왔을 때 다가가다가도 양육자가 다가오면 뒷걸음질을 치고, 안아 주면 무서운 듯 얼어붙은 모습을 보이기도 합니다. 이처럼 일관되지 않은 반응을 보이는 것은 학대받은 경험이 있거나 부모의 애착에 심각한 문제가 있는 경우에 주로 나타납니다.

불안정형을 위한 대인 관계 개선법

기쁠 때 같이 기뻐해 주고, 슬플 때 같이 슬퍼해 주는 사람이 곁에 있다는 것은 살아가는 데 큰 힘이 됩니다. 좋은 인연을 만들기 위해서는 좋은 친구를 만나야 하고, 그 관계를 유지하기 위한 노력이 필요하지요. 나와 상대방의 애착 유형을 잘 안다면 관계에서 발생할 수 있는 문제를 예측하고 개선할 수 있습니다.

불안정형 애착에 포함되는 회피형, 양가형, 혼란형은 기본적으로 안정형에 비해 타인에 대한 믿음이 부족합니다. 그러다 보니 처음부터 관계를 회피하거나 관계를 맺는 과정에서 상대방의 마음이 변하지는 않을까 불안해하는 것이지요.

회피형의 경우 정서적으로 깊은 관계를 맺어 본 적이 없기 때문에 누군가와 친해지는 것 자체가 낯설고 불편합니다. 가까워지려고 하면 뒤로 한발 물러서게 되고요. 결국엔 자신을 떠날 것이라는 불신 때문에 자신의 생각과 감정을 다 보여 주려고 하지 않습니다. 이러한 관계 패턴이 반복되면 인간관계를 통해 느낄 수 있는 깊은 감정을 경험할 수 없게 됩니다. 상처 받을 것이 두려워 시도조차 하지 않는다면 사람들 속에서 사랑하고 사랑받으며 살아갈 수 없어요.

세상 어딘가에는 분명 나를 진심으로 사랑하고 신뢰할 만한 사람이 있을 거예요. 그런 사람을 만나기 위해서는 상처 받더라도 한 발짝 내딛을 용기가 필요합니다. 사람들과의 관계에서 벽을 세우려 하지 말고 내가 먼저 그들에게 '진짜 나'를 보여 주기 위한 용기를 내 보면 어떨까요. 그런 나의 노력을 부담스러워하는 사람도 있을 것이고, 또 내 마음을 가볍게 여기는 사람도 있을 거예요. 이러한 경험이 우리 삶의 중요한 사람들을 만나기 위한 과정임을 기억하세요. 결국엔 서로 마음을 열고 진심으로 소통할 수 있는 친구를 사귈 수 있을 것이고, 사람에 대한 믿음도 쌓이게 될 것입니다.

양가형의 경우 인간관계에 많은 에너지를 쏟으면서도 좋은 관계를 잘 유지하지 못하는 특성이 있습니다. 상대방의 사랑을 잃을지 모른다는 불안은 집착과 의심, 질투로 나타나 상대방을 곤란하게 하지요. 지원이를 향한 연수의 마음처럼 말이에요. 에너지를 쏟는 본인도 지치고 상처 받기 쉽고요.

이러한 문제를 개선하려면 첫째, 아무리 친한 친구라도 함께할 수 없는 각자의 삶이 존재한다는 것을 인정합시다. 어떠한 관계에서든 상대방이 모든 순간 나에게 몰두하기를 요구하는 것은 불가능한 바람입니다. 관계가 안정기에 접어들면 서로에게 쏟는 에너지가 줄어드는 것은 자연스러운 현상이지요. 이전보다 함께하는 시간이 줄었다고 마음이 변했다거나 자신에게 소홀하다고 생각하기보다 관계가 안정되어 나타나는 자연스러운 현상으로 받아들일 필요가 있습니다.

둘째, 사소한 신호들을 너무 민감하게 받아들이지 마세요. 친구의 휴대폰이 꺼져 있을 때 '내 전화를 일부러 피하는 거야?' '내가 귀찮은가?' 혼자서 의심을 키우며 불안해하는 경우가 있어요. 실제로는 친구의 휴대폰이 방전돼 꺼졌을 수도 있고, 다른 일을 하느라 휴대폰이 꺼진 것을 모르는 것일 수도 있고, 학원이나 영화관 등 휴대폰을 꺼야 하는 상황일 수도 있어요.

물론 나의 의심대로 친구가 일부러 내 연락을 피하는 것일 수도 있겠으나 친구의 말을 먼저 들어 봐야겠죠. 그러기도 전에 의심하고 불안해하면서 극단적인 감정으로 치닫는 것은 자신은 물론 두 사람의 관계에도 악영향을 미칩니다. 혼자서 키운 부정적 감정은 뒤늦게 친구와 연락이 된 순간 그대로 표출되어 버리기 쉽지요. 근거 없는 의심이 반복된다면 친구는 점점 지치고 말 거예요. 아무리 못 미덥더라도 일단은 친구의 말을 믿어 주세요. 의심스러운 신호가 반복적으로 나타나 더는 믿을 수 없을 때 관계를 정리해도 늦지 않아요.

몇몇 대안을 제시했지만 이것으로 충분할 수 없을 거예요. 인간관계에는 무수한 변수가 존재하기 때문에 일반화하기 어려운 부분이 있기도 하고요. 분명한 것은, 사람은 노력에 따라 얼마든지 변할 수 있다는 거예요. 부모님과 안정적인 관계 형성에 실패했다고 해도 나를 사랑하고 믿어 주는 좋은 사람들을 만나면 안정적인 애착을 형성할 수 있습니다. 나와 상대방의 애착 유형을 이해하고, 좋은 관계를 형성할 수 있도록 의식적으로 노력한다면 관계에서 나타나는 문제들을 충분히 개선할 수 있습니다.

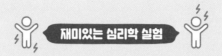

청소년들은 주요 애착 대상으로 누구를 꼽았을까?

미국의 심리학자 해리 프리먼Harry Freeman과 브래드포드 브라운B. Bradford Brown은 고등학교 남학생 47명, 여학생 52명을 대상으로 청소년기의 주요 애착 대상에 관해 연구했습니다(2001). 이들의 애착 유형을 안정형, 무시형(회피형), 몰두형(양가형)으로 분류하고, 애착 유형에 따라 반응이 어떻게 달라지는지 살펴봤어요.

먼저 애착 대상을 어머니, 아버지, 양부모, 형제자매, 기타 친척, 친구, 지인, 연인, 자기 자신 등 9개 범주로 나누었을 때, 대상자들은 어머니를 아버지보다 10배, 친구보다 2배 더 많이 선택했습니다.

다음으로 애착 대상을 부모(친척 포함), 또래(형제자매 포함), 자기 자신, 3개 범주로 줄여 질문했을 때는 아래 표와 같은 결과가 나왔습니다.

합계를 보면 부모와 또래의 비율에 유의미한 차이가 없는데요. 이는 청소년들에게 또래 친구가 부모와 비슷한 수준으로 주요 애착

애착 유형 \ 주요 애착 대상	부모	또래	자기 자신
안정형(45)	36(80%)	8(18%)	1(2%)
무시형(26)	1(4%)	18(69%)	7(27%)
몰두형(28)	9(32%)	17(61%)	2(7%)
합계(99)	46(47%)	43(43%)	10(10%)

대상, 즉 심리적 지지와 안정감을 주는 존재임을 의미합니다.

애착 유형별로 살펴보면 주 양육자와 건강한 애착 관계를 형성한 안정형의 경우 여전히 부모(어머니)가 주된 애착 대상임을 알 수 있고, 불안정형인 무시형과 몰두형의 경우 상대적으로 또래, 즉 연인이나 친구를 주된 애착 대상으로 선택했습니다. 특이할 만한 내용으로는 타인과의 애착에 불편함을 느끼는 무시형의 경우 27%의 비율로 '자기 자신'을 주된 애착 대상으로 선택했습니다.

말이 안 통하는 사람과
잘 지내려면
어떻게 해야 할까?

#세계관

#신념

#확증편향

* * *

여준이와 지원이는 운전의 안전성에 대한 생각이 다릅니다. 여준이는 자신이 아무리 조심하더라도 다른 차가 와서 박으면 사고를 피할 수 없으니 안전하지 않다고 합니다. 반면 지원이는 지나치게 염려하면 무엇을 할 수 있겠느냐고 반문합니다. 벌어지지 않은 위험 때문에 걱정만 한다면 아무것도 할 수 없다고 생각하는 것이지요.

이렇게 사람들은 이전의 경험이나 학습을 통해 형성된 서로 다른 가치관과 신념을 가지고 살아갑니다. 그런 상대방과 대화하다 보면 때로는 내 말을 이해하지 못하는 상대방이 답답하기도 하고, 내 의견을 무시한다는 생각이 들어 화가 나거나 서운하기도 하지요. 서로 자기 말이 맞는다고 우기기 시작하면 싸우게 되고, 결국 절교하기도 합니다. 그러다 시간이 지나고 나서 생각해 보면 별일 아닌 일로 왜 그렇게 자존심을 내세웠는지, 친구에게 너무 심한 말을 한 건 아닌지 후회하기도 하고요.

우리는 필연적으로 다른 사람들과 어울려 살아야 합니다. 주변 사람들을 통해 얻는 힘이 때로는 우리를 지탱해 주지요. 이 장에서는 우리가 옳다고 생각하는 신념이 어떻게 형성되는지, 그 신념이 틀릴 가능성은 없는지, 서로 다른 신념을 가진 사람들과 함께 살아가려면 어떻게 해야 하는지 살펴보겠습니다.

사람마다 세계를 다르게 인식한다

우리는 잘 만들어진 영화를 보는 동안 작가와 감독이 구축해 놓은 독특한 세계를 자연스럽게 받아들입니다. 영화 《어벤져스》의 세계에서는 아이언맨이 하늘을 날고, 닥터 스트레인지가 시간을 거꾸로 돌리는 것이 어색하지 않지요. 드라마 《슬기로운 의사 생활》의 세계에서는 나쁜 사람을 찾아보기 어렵고요. 환자를 진심으로 존중하며 자기 일에 최선을 다하는 의사들의 이야기를 따라가다 보면 나도 모르게 마음이 따뜻해집니다. 현실과는 달리 그 흔한 경쟁도 없고, 타인을 깎아내리거나 피해를 주는 사람도 찾기 어렵습니다.

세계를 바라보는 독특한 시선이 영화나 드라마에만 존재하는 것은 아닙니다. 우리 모두는 같은 세계에 살고 있지만 한 사람 한 사람이 각자의 세계관을 가지고, 자신만의 방식으로 세계를 인식하고 있지요. 세계관은 인간을 대하는 방식과 삶을 살아가는 방식 전반에 영향을 미칩니다. 여준이는 지원이에 비해 상대적으로 세계를 위험한 곳으로 인식하고 있습니다. 그렇기 때문에 매사에 조심성이 많을 가능성이 크지요. 이러한 세계관을 가진 사람들은 위험한 행동을 피하므로 다른 사람에 비해 다치거나 사고가 날 확률이 낮아요. 반면 다양한 경험의 기회를 스스로 포기하기도 합니다. 여러분은 세계를 어떻게 인식하고 있나요?

신념이 모여 형성되는 세계관

'신념'이란 사물, 사람, 사회, 법과 제도 등에 대한 어떤 견해나 주장들 중 하나를 받아들여 옳다고 믿는 것입니다. 행복에 대한 신념을 예로 들어볼까요? 어떤 사람은 행복하려면 돈이 많아야 한다고 주장하고, 어떤 사람은 사랑하는 사람과 함께하는 것만으로 행복하다고 주장하며, 어떤 사람은 높은 사회적 지위나 힘을 가져야 행복할 수 있다고 믿고, 어떤 사람은 자아실현을 행복의 조건이라고 말합니다. 여러 견해 중에서 어떤 주장을 믿느냐에 따라 각자가 추구하는 삶의 방식이나 태도가 달라질 것입니다.

신념은 책이나 교육을 통해서도 학습할 수 있지만 자라 온 배경이나 살아가면서 겪게 되는 다양한 경험을 통해 형성되기도 합니다. 경험은 인지적인 측면뿐만 아니라 그때 당시의 정서까지 기억되기 때문에 더 강렬합니다. 만약 학교에서 따돌림을 당했을 때 주변 친구들이나 선생님, 부모님의 도움을 받지 못했다면 어떤 신념을 갖게 될까요? '세상엔 나 혼자야. 누구의 도움도 기대하지 말자.'라고 믿게 될 거예요.

이처럼 결혼, 직업, 종교, 정치 등 다양한 주제에 대한 우리의 신념들이 결합하면 그것이 세계를 바라보는 틀, 즉 세계관이 됩니다.

잘못된 신념은 부정적인 결과를 낳는다

어떤 일을 시작하면서 가졌던 첫 마음을 끝까지 유지하기란 쉽지 않습니다. 일제 강점기에 독립을 외쳤던 사람 중 일부는 시간이 흐르면서 체념하거나 변절했습니다. 그렇기 때문에 독립을 위해 끝까지 헌신한 소수의 독립 운동가들은 많은 사람의 본보기가 됩니다. 독립 운동가들을 보면서 우리는 신념을 지키는 것이 어렵지만 매우 가치 있는 일이라고 느낍니다. 단 신념을 지키는 것이 진정으로 가치 있는 일이 되려면 한 가지 전제가 필요합니다. 지키고자 하는 신념이 '옳아야' 합니다. 잘못된 신념을 지키는 것은 자신뿐만 아니라 타인에게, 더 나아가 사회에까지 부정적인 영향을 미칠 수 있습니다.

'체벌만큼 좋은 교육 방법은 없다.'라는 신념을 가진 아버지를 예로 들어 볼까요? 자신이 옳다고 생각하는 것을 때려서 가르치면 자녀는 아버지 앞에서는 시키는 대로 하겠지만 납득할 수 없거나 지키기 어려운 지시가 반복되면 보이지 않는 데서는 아버지가 시키는 것과 반대로 행동하겠지요. 시간이 흐를수록 아버지가 있을 때와 없을 때의 모습이 달라지는 이중적인 면모가 강해질 거예요. 자신의 생각을 있는 그대로 말할 수 없고, 보여 줄 수 없다면 가면을 쓰고 사는 것과 같아요. 그러면서도 아버지가 강제한 규범에서 벗어난 행동을 하고 있다는 생각에 스스로를 부족한 존재로 느낄 테고요. 아버지 앞에서 부족함을 감추려고 하기 때문에 고민이 있어도 털어놓지 못하게 되고, 그렇게 자녀는 아버지로부터 점점 멀어지겠죠. 또한 체벌은 자녀가 독립된 인격체로 성장하는 데에도 부정적인 영향을 미칩니다. 물리적인 폭력으로 자녀를 길들이면 자녀는 자유 의지를 버리고 시키는 대로 움직이는 수동적인 사람이 됩니다. 아버지에 대한 두려움이 확장되면 타인을 대할 때에도 두려움을 가지거나 경계할 것입니다. 또, 자기 뜻대로 되지 않으면 주변 사람들에게 자기 아버지처럼 폭력을 행사하는 사람이 될 수도 있습니다. 아버지는 자신의 신념을 통해 얻을 것이라고 기대했던 그 어떤 것도 얻을 수 없습니다. 잘못된 신념은 꼬리에 꼬리를 물듯 자신과 주변 사람들에게 악영향을 미칩니다.

사람은 보고 싶은 것만 본다

또 다른 예를 들어 볼게요. 사회적으로 큰 논쟁거리가 된 어떤 사람을 지지하는 A와 비판하는 B가 있다고 가정해 봅시다. 하나의 현상을 목격하고도 두 사람은 완전히 다른 결론을 내렸습니다. 왜 이렇게 된 걸까요?

정보를 접하기 전에 이미 그 대상에 대해 한쪽으로 치우친 신넘을 가지고 있다면 정보를 수집하고 해석하는 과정에서 오류가 발생하게 됩니다. 뉴스를 통해 얻을 수 있는 정보는 A와 B가 비슷하지만 무엇을 받아들이고 버리는지는 극명하게 달라지지요. 자기 견해와 부합하는 정보들은 적극적으로 수용해 자신의 주장을 강화해 나갑니다. 반면 자기 견해와 일치하지 않는 정보들은 아무리 객관적으로 증명된 정보라 하더라도 외면하거나 중요성을 축소하고, 조작되었다고 생각하는 등의 반응을 보입니다. 반대로 자신의 신념과 부합하는 정보가 있다면 가짜 뉴스라도 믿는 경향이 있어요. 이처럼 자신의 신념을 확인하는 방식으로 정보를 선택적으로 받아들이는 현상을 '확증 편향'이라고 합니다.

한번 형성된 신념은 쉽게 바뀌지 않습니다. 보이는 대로 믿는 것이 아니라 자신이 보고 싶은 대로 보고 믿습니다. 신념을 바꾸는 것은 자신이 지금까지 말하고 행동한 것이 잘못되었다는 것을 인정해야 하는 문제이기에 쉽지 않습니다. 신념이 오래된 것일수록 더욱 그렇습니다. 자신의 삶 전체를 부정하는 일이 될 수도 있어요. 그럴 때 많은 사람이 차라리 귀 닫고, 눈 감고, 합리적이지 못한 사람이라는 욕을 먹더라도 자신의 신념을 지키기로 선택합니다.

자신이 옳다고 믿는 것, 신념을 의심하라

가치관이나 신념을 바탕으로 말하고 행동한 하루하루가 쌓여 '나'라는 존재가 됩니다. 지난 시간을 돌이켰을 때 내가 남긴 발자취가 부끄럽지 않으려면 자신이 가진 신념이 옳은지, 지킬 만한 가치가 있는지 점검할 필요가 있습니다.

우선, 충분한 탐구 과정 없이 무분별하게 수용한 신념은 없는지 점검해 보세요. 청소년기에는 부모님이나 선생님, 친한 친구의 신념을 그대로 수용하는 경우가 많습니다. 반복적으로 주입되었거나 상대방을 좋아하고 신뢰할 경우 그들의 신념을 거부감 없이 그대로 받아들이게 되는 것이지요. 그렇게 형성된 신념은 나의 것이라고 할 수 없어요. '부모님(혹은 선생님)이 그게 옳다고 했어.'라거나 '그냥 옳다니까 옳은 거야.'라는 말밖에 할 수 없는 생각을 나의 말과 행동의 바탕으로 삼아서는 안 됩니다. 어떤 주제에 대해 확신이 없으면 차라리 모른다고 말하는 것이 나아요. 잘 알지 못하면서 확신에 차서 말하고 행동한다면 언젠가 후회할 수도 있고, 누군가에게 상처를 주거나 피해를 줄 수 있습니다. 자기 삶의 주인이 되려면 주변 사람들의 신념을 비판적으로 수용해야 합니다. 대립하는 여러 주장과 각 주장의 근거를 살펴보고, 객관적이고 합리적으로 평가해 '나는 이러이러해서 이렇게 생각한다.'라고 말할 수 있어야 합니다.

다음으로는, 잘못된 보상이나 처벌로 인해 생긴 그릇된 신념은 없는지 점검해 봅시다. 법을 어기면 그에 맞는 처벌을 받는 것이 마땅합니다. 법을 어겼는데도 오히려 이익을 얻는다면 어떻게 될까요? 스펙을 위조해서 대학에 간 사람이 있다고 예를 들어 보죠. 처음엔 읽지 않은 책의 독서 기록을 인터넷에서 찾아 복붙해 제출하는 수준이었을 것입니다. 초조한 마음으로 선생님께 제출했는데 들키지 않자, 봉사 활동 확인서 위조, 자소서 조작 등 점점 나쁜 짓이 반복되고 스케일도 커졌을 것입니다. 어느 순간 죄의식은 사라지고 '나쁜 짓을 해도 걸리지만 않으면 된다.'라거나 '이익을 위해서라면 부정한 방법을 사용해도 된다.'라는 신념을 형성하게 되는 것이지요. 이처럼 잘못된 피드백(보상이나 처벌)은 잘못된 행동을 반복하게 하고, 잘못된 행동을 반복하다 보면 잘못된 태도와 신념을 갖게 됩니다.

여러분도 혹시 남들도 하니까 괜찮다고 말하면서 원칙을 어기고 있지는 않나요? 잘못된 길로 가고 있으면서 얻는 이익에 취해 자신의 행동을 합리화하고 있지는 않은지 스스로를 돌아봐야겠습니다.

누구에게나 배울 점은 있다

어떤 판단을 내리기에 앞서 '내가 알고 있는 것이 전부가 아니며 내 생각이 틀릴 수도 있다.'라는 자세로 다양한 자료를 검토하고 주변 사람들의 의견을 참고하는 것이 좋습니다.

상대와 말이 안 통한다고 느끼는 대부분의 경우는 사실 상대뿐만 아니라 나 역시도 자기만 옳다고 생각하기 때문입니다. '나만 옳고 상대방은 틀리다.'라고 생각하면 각자 자기 말만 할 뿐 상대방의 말에 귀를 기울이지 않게 되지요. 자신의 생각이 틀릴 수도 있다는 것을 인정할 때 상대방을 존중하게 되고 상대방의 말에 귀를 기울이게 될 것입니다.

인간은 완전한 존재가 아닙니다. 우리는 끊임없이 배우고 고민하면서 평생에 걸쳐 자신을 만들어 가게 됩니다. 현재 내가 알고 있는 것, 현재 내가 믿고 있는 것이 전부라고 생각한다면 현재에 멈춰 있을 수밖에 없어요. 성장하기 위해서는 '변화'라는 필연적인 과정을 거쳐야 하지요. 이를 위해 다양한 사람들과 마음을 열고 소통하면서 그들의 경험을 배우고 삶을 이해하려는 개방적인 자세가 필요합니다. 그럴 때 신념이 다르더라도 함께 걸어갈 수 있고, 다양한 경험을 공유하면서 좋은 영향을 주고받게 될 것입니다.

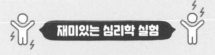

어느 것을 고를까요?
알아맞혀 보세요

미국의 심리학자 찰스 로드Charles Lord 연구팀은 사람들이 자신의 신념에 반대되는 증거에 대해 어떤 태도를 보이는지 알아보는 실험을 했습니다(1979).

설문 조사를 통해 심리학과 학부생 중 사형에 찬성하는 24명과 반대하는 24명을 선정한 뒤, 이들에게 사형 제도의 효과에 관한 상반된 두 가지 연구 결과를 보여 줬습니다. 하나는 사형이 범죄 억제 효과가 있다는 연구였고, 다른 하나는 사형이 범죄를 억제하는 데 별다른 효과가 없다는 연구였습니다.

이를 본 실험 참가자들은 자신의 생각을 지지하는 연구에 대해서는 '자료 수집이 적절하게 이루어진 신뢰할 만한 연구'라고 평가한 반면, 자신의 생각과 맞지 않는 연구에 대해서는 '다양한 변수를 고려하지 못했다. 충분한 자료 수집 과정을 거치지 않았다.' 등의 이유를 들며 그 연구가 잘못되었을 가능성이 있다고 주장했습니다.

결과적으로 두 모순되는 증거 사이에서 참가자들은 자신의 신념에 부합하는 정보는 받아들이고, 불일치하는 정보는 무시함으로써 자신의 신념을 더욱 강화했습니다.

우리도 마찬가지입니다. 이미 답을 정해 놓고 그 답에 부합하는 방향으로 모든 것들을 해석하고 있지 않나요? 물론 알면서 그러는 사람은 많지 않습니다. 내가 생각하는 게 맞는다고 확신하기 때문에 자신도 모르게 그렇게 되는 거죠. 이제부터라도 새로운 정보를 접할 때는 기존에 내가 가진 신념을 내려놓고 중립적으로 접근해 봅시다. 뭔가 배울 것이 분명히 있을 거예요.

잘되면 네 덕이고,
못되면
내 탓이라고?

#내부귀인
#외부귀인
#귀인편향
#이기적귀인

민재는 게임에서 이겼을 땐 자기가 잘해서 이겼다고 하고, 졌을 땐 여준이 탓을 하네요. 여러 명이 한 팀으로 과제를 수행해야 할 때 이런 친구가 있으면 팀 분위기가 나빠져요. 팀이 좋은 점수를 받으면 자기가 다 한 것처럼 으스대고, 나쁜 점수를 받으면 다른 팀원의 잘못으로 몰아가죠. 그렇게 우기다가 싸우기도 하고요.

성공과 실패라는 결과를 해석할 때 사람들은 어디에서 그 원인을 찾을까요? 나는 객관적으로 원인을 추론한다고 생각하겠지만, 기본적으로 인간은 자신에게 유리한 방향으로 사건을 해석하는 경향이 있습니다. 겉으로 표현하지 않더라도 마음속으로는 내가 잘했다고 생각하는 거죠.

이 장에서는 원인을 추론하는 과정에서 나타나는 인지적 오류에 대해 살펴보겠습니다.

그때 왜 그랬을까?

사귄 지 얼마 안 된 친구가 어느 날 갑자기 화를 낸다면 '무슨 일이 있었나?' '내가 뭘 잘못했나?' '쟤 성격이 원래 다혈질인가?' 하고 별별 생각을 다 하게 됩니다. 안 좋은 일이 있었다면 위로하고, 내가 잘못한 게 있다면 사과하고, 친구의 성격이 원래 그런 거라면 거리를 두겠죠. 가족이나 친구 등 주변 사람의 행동은 나의 기분은 물론 생활에도 영향을 미칩니다. 따라서 우리는 주변 사람의 행동에 관심을 가지고 그들이 왜 그런 행동을 하는지 파악하려고 하지요.

우리는 자신에게 일어난 일에 대해서도 평가합니다. 만약 어떤 일에 실패했다면 나의 능력이나 노력이 부족했던 건지, 아니면 다른 외부 요인 때문이었는지 분석합니다. 원인을 정확히 파악해야 실패를 만회하고, 다시 앞으로 나아가기 위한 계획을 세울 수 있으니까요.

이렇게 자신이나 타인에게 일어난 사건(행동)의 원인을 찾는 것을 '귀인歸因'이라고 합니다. 행동의 원인을 어디에서 찾을지는 나에 관한 일인지 남에 관한 일인지, 좋은 일인지 나쁜 일인지에 따라 달라질 수 있습니다.

귀인은 크게 내부 귀인과 외부 귀인으로 나눌 수 있어요. 내부 귀인은 행동의 원인을 그 사람의 내적 속성(성격, 태도, 능력 등)에서 찾는 것이고, 외부 귀인은 행동의 원인을 그 사람이 처한 상황에서 찾는 것입니다. 민재가 게임에서 이긴 것을 자신의 실력이 뛰어나서라고 생각한 것은 내부 귀인한 것이고, 게임에서 진 것을 친구의 탓으로 돌린 것은 외부 귀인한 것이지요.

귀인 편향이란 무엇일까?

사람들은 자신이 합리적으로 귀인한다고 믿지만 사실은 그렇지 않은 경우가 많습니다. 대상을 좋아하느냐 싫어하느냐에 따라서도 치우친 귀인을 합니다. 좋아하는 아이돌이 음주 운전으로 적발되면 '우리 △△이 그랬을 리 없어. 만약 사실이더라도 그럴 만한 사정이 있었을 거야.'라고 생각하는 반면, 싫어하는 친구가 선생님한테 혼나면 '걔 원래 개념 없잖아. 그럴 줄 알았어.'라고 생각하게 되죠. 원인을 객관적으로 파악할 만한 충분한 정보가 없는 상태에서 대상에 대한 감정에 따라 성급하게 귀인하곤 하는 거예요.

이렇게 귀인 과정에서 발생하는 오류나 치우침 현상을 '귀인 편향'이라고 합니다. 그중 '잘하면 내 탓, 못하면 남 탓' 하는 편향, 즉 자신에게 유리한 방향으로 치우쳐서 귀인하는 것을 '이기적 귀인' 또는 '이기적 편향'이라고 해요. 이기적 귀인은 자신의 행동에 대한 평가와 관련이 있습니다. 자신의 성공을 설명할 때는 내부 요인으로 돌리고, 자신의 실패를 설명할 때는 외부 요인을 강조하는 경향을 뜻하지요.

우리가 이기적 귀인을 하는 이유

우리가 이기적 귀인을 하는 첫 번째 이유는 자존감을 유지하거나 고양하려는 욕구 때문입니다. 스스로를 가치 있는 존재로 인식하려는 욕구 때문에 자신에게 유리한 방향으로 귀인합니다. 성공의 경우 자신의 능력 때문이라고 믿고, 실패의 경우 그럴 수밖에 없었던 상황을 탓하는 식으로요. 특히나 돌이킬 수 없고, 노력해도 나아질 가능성이 없는 실패의 경우 외부 귀인함으로써 자존감을 보호하려는 경향이 있습니다. 예를 들어, 모의고사를 망쳤을 땐 좀 더 노력해서 다음에 잘하면 된다고 스스로를 다독이며 나의 부족을 순순히 인정할 수 있어요. 하지만 대학 입시처럼 결과가 미치는 영향이 매우 큰 사건의 경우 실패의 원인을 나에게서 찾게 되면(내부 귀인) 자존감에 심각한 타격을 입을 수밖에 없기 때문에 나를 보호하고자 이기적 귀인에 빠질 가능성이 큽니다. 선생님의 실력이 없었다거나 과외를 받지 못했기 때문이라며 부모님을 원망할지도 모릅니다. 남 탓, 상황 탓을 하는 것은 그래야 무거운 책임감과 패배감으로부터 벗어날 수 있기 때문이겠지요.

둘째, 인정받고자 하는 욕구 때문입니다. 사람은 누구나 타인에게 자신의 좋은 모습만 보여 주고, 그들의 사랑과 인정을 받고 싶어 합니다. 자신의 잘못을 인정했다가 능력 없는 사람으로 낙인 찍

히거나 사람들에게 외면받을까 봐 걱정합니다. 그래서 부족한 모습을 감추고, 잘못에 대해 외부 귀인함으로써 자신에 대한 긍정적인 평가를 유지하려고 하는 것이지요.

셋째, 사용 가능한 정보가 주로 자기 자신에 관한 것이기 때문입니다. 과학고 입시에 떨어진 학생을 예로 들어 볼게요. 중학교 3년 내내 다양한 교내외 활동을 했고, 학교에서 우수한 성적을 거두었고, 열심히 자기소개서를 작성하고, 면접을 준비하고…… 이 학생의 머릿속에는 자기가 '얼마나 열심히 준비했는지'에 대한 기억으로 채워져 있어요. 반면 다른 사람들이 어떤 시간을 보냈는지에 관한 정보는 부족해요. 남들도 열심히 했다는 것을 어렴풋이 알겠지만, 자신이 한 노력만큼 크게 다가오지는 않겠지요. 결국 자신이 가진 정보에 의존해 결과를 해석하다 보니 '나처럼 열심히 한 학생이 떨어졌다면 혹시 선발 과정에 비리가 있던 건 아닐까?' 하고 외부 귀인할 가능성이 높아요.

청소년기의 이기적 귀인

청소년기에는 부모님과 선생님의 조언이나 지시에 따라 행동하는 경우가 많습니다. 이러한 조건은 이기적 귀인을 하기에 좋은 단서를 제공합니다. 엄마가 '키 크려면 운동해야 돼. 축구 교실에

보내 줄 테니까 열심히 해 봐.'라고 조언했다고 가정해 보죠. 만약 축구를 하다가 사고로 다리가 골절된다면 이기적 귀인을 하는 청소년은 '그러게 왜 축구를 하라고 해. 엄마 때문에 다쳤잖아.' 하고 말할 거예요. 글로 읽을 땐 이런 억지를 부리는 사람이 어디 있냐고 생각할 수도 있겠지만 의외로 많은 청소년이 다양한 상황에서 '부모님이 시켜서' 벌어진 일이라며 탓을 하곤 합니다.

반면 성공했을 때는 자신의 수고와 노력이 가장 먼저 떠오를 것입니다. 원하는 대학에 합격했을 때 '내가 잘해서'라고 생각하겠죠. 축하받아야 마땅하지만, 그런 결과를 얻기까지 주변에서 도와준 사람들의 노력을 잊어서는 안 됩니다. 부모님과 선생님들의 조언, 지지, 조력 등이 있었기 때문에 얻은 결과이기도 하니까요.

긍정적인 결과에 대해서는 다른 사람의 영향을 축소하고, 부정적인 결과에 대해서는 다른 사람의 영향을 확대하고 있지 않은지 사고 과정을 점검할 필요가 있습니다. 또한 억지로 하고서 부모님 탓을 하는 것 보다, 내가 원치 않는 무언가를 부모님이 시킨다면 대화를 통해 의사 표현을 정확히 하는 것이 좋습니다. 부모님을 설득하지 못하더라도, 혼만 나더라도, 용기 내어 자기주장을 할 때 후회가 덜 남습니다. 어쨌든 내 삶의 선택과 그에 따른 결과는 결국 내가 책임져야 하기 때문입니다.

이기적 귀인의 긍정적 효과와 부정적 효과

앞서 이야기했던 것처럼 이기적 귀인은 자존감을 유지, 고양시켜 줍니다. 현실을 지나치게 객관적으로 인식하는 사람들은 자존감이 낮고 우울증에 빠질 위험이 있다고 해요.

이기적 귀인을 하는 사람들은 자신에게 유리한 방향으로 현실을 왜곡해 인식하므로 과장된 자기 개념을 가집니다. 자기 개념이란 개인이 파악한 자기 자신에 대한 평가, 태도입니다. 자신이 잘해낼 수 있다고 믿기 때문에 새로운 일에 도전하는 것을 두려워하지 않으며, 자신감이 높아 사람을 대할 때나 과제를 수행할 때도 당당하고 적극적인 모습을 보이기도 합니다. 그런 당당함이 사람들에게 신뢰를 주기도 하고요.

하지만 이기적 귀인을 반복하다 보면 자신에게 뭐가 부족한지를 깨닫지 못합니다. 부족한 부분을 채우려는 노력을 게을리하므로 능력이 정체될 가능성이 있어요. 또한 자신의 능력을 과장해 인식하면 수행 과정에서 위험을 간과할 가능성이 있고, 이는 곧 잘못된 판단이나 사고로 이어지기도 합니다. 또한, 대인 관계에서 갈등을 겪기 쉬워요. 난 잘못한 게 없고 모두 너희 탓이라고 말하는 사람을 환영해 줄 곳은 없을 테니까요.

이기적 귀인에 익숙해지면 성장하고 발전할 수 없습니다. 이기적 귀인을 줄이려면 정보를 충분히 수집해 객관적이고 합리적으로 원인을 분석할 필요가 있습니다. 사실 대부분의 결과는 내외부의 여러 요인이 복합적으로 작용하기 마련이지요. 내부 혹은 외부 어느 한쪽에서만 원인을 찾는 것은 상황을 너무 단순하게 해석하려는 자세입니다. 자신이 잘한 부분은 스스로 충분히 칭찬하되, 부족한 부분이 있다면 인정하고 개선할 방법을 찾아야 합니다.

반면 이기적 귀인이 필요한 사람들도 있습니다. 지나치게 자기 비판적인 사람들, 그래서 낮은 자존감과 우울증에 시달리는 사람들은 충분히 잘하고 있다고 스스로를 격려할 필요가 있습니다. 때로는 내 잘못이 아니라고, 그럴 수밖에 없었다고 큰 소리로 세상 탓을 해 보세요.

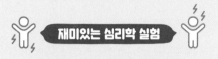

재미있는 심리학 실험

얼마나 많은 사람들이
이기적 귀인을 하며
살아갈까?

미국의 사회심리학자이자 정치학자 리처드 라우Richard R. Lau와 그의 동료들은 야구와 축구 경기의 신문 기사를 분석해 선수와 감독 들이 경기에서 이겼을 때와 패배했을 때 그 원인을 어디에서 찾는지 연구했습니다(1980).

	내부 귀인	외부 귀인
승리	80.3%	19.7%
패배	52.8%	47.2%

위 표를 보면 알 수 있듯이 승리했을 때 선수와 감독 80.3%가 원인을 내적 요인에서 찾았습니다. 자기 팀과 선수들이 뛰어난 경기를 한 덕분에 이겼다고 인터뷰한 것이죠. 외부 귀인을 한 경우는 19.7%에 불과했습니다.

반면 패배했을 때는 47.2%가 외부 귀인했습니다. 운이 나빴다거나, 상대팀이 잘했다거나, 통제할 수 없는 외부 요인이 작용해 경기에서 패배했다고 인터뷰했습니다.

자신을 가치 있는 존재로 인식하려는 강력한 동기가 작용한 것입니다. 많은 사람이 이기적 귀인을 하며 살아갑니다. 이기적 귀인을 무조건 나쁘다거나 무조건 좋다고 할 수 없어요. 이기적 귀인은 세상의 쓴맛을 보고, 지쳤을 때 쓰러지지 않도록 우리를 지탱해 주기도 합니다. 하지만 실패에 대해 매번 남 탓을 하는 것은 경계할 필요가 있어요.

주지는 않고
받기만 하는 사람을
계속 만나야 할까?

#사회교환

#비용

#보상

* * *

많은 청소년이 대인 관계에 어려움을 겪습니다. 가족이나 선생님, 친구들과 좋은 관계를 유지하고 싶은데 자꾸만 의도치 않은 갈등이 생겨나요. 대인 관계 경험이 부족하다 보니 상대방의 행동이 어떤 의도에서 비롯되었는지 해석하는 데 어려움을 겪기도 하고, 어떻게 반응할지 몰라 당황하기도 하죠. 원치 않는 요구를 받아도 친밀한 관계를 유지하고 싶어 마지못해 하자는 대로 하기도 하고요.

지원이는 연수에게 자꾸만 자신이 내야 할 비용을 대신 내달라고 합니다. 친구끼리는 그럴 수 있다고 생각하죠. 그런 지원이의 행동이 연수의 기분을 상하게 합니다. 자신을 친구로서 존중하지 않는 것만 같아요.

친구끼리는 가진 걸 다 줘도 아깝지 않아야 하는 걸까요? 이해타산을 따지는 연수가 반성해야 하는 걸까요? 아니면 매번 자기 비용을 친구에게 부담시키면서도 당연한 듯 생각하는 지원이가 잘못하는 걸까요?

이번 장에서는 관계에서 느끼는 복잡하고도 미묘한 감정들의 내면을 들여다보고 좋은 관계를 유지하기 위한 팁을 알려 줍니다.

인간관계의 만족도는 어떻게 결정될까?

사람들은 일반적으로 내가 호의를 베풀면 상대방도 나에게 받은 만큼 보답할 것이라고 생각합니다. 그러나 어떤 사람들은 받기만 하고 주지는 않습니다. 상대방이 나를 많이 좋아한다고 느끼면 내가 주지 않아도 상대방은 서운해하지 않을 거라고 생각하는 사람도 있죠. 또한, 친구 사이를 권력 관계로 인식해 힘이 센 사람 마음대로 해도 된다고 생각하기도 해요. 인기가 많아서 어릴 때부터 받는 것에 익숙해졌거나 사랑과 관심을 당연하게 여기기도 해요. 여러분은 어떤가요? 한쪽은 일방적으로 주기만 하고, 다른 한쪽은 일방적으로 받기만 하는 관계가 오래 지속될 수 있을까요? 과연 주기만 하는 사람도 만족할까요?

이처럼 인간관계를 상호 간에 여러 가지를 주고받는 교환의 측면에서 설명하는 것을 '사회교환'이라고 합니다. 여기서 주고받는 대상은 돈이나 선물과 같은 물질적인 것에 한정하지 않습니다. 사랑, 관심, 공감, 인정 등 심리적인 것까지 포함하죠. 사회교환 이론에서는 비용과 보상의 크기에 따라 관계의 만족도가 결정된다고 봅니다. 우리가 상대방에게 주는 사랑과 물질은 비용에 해당하고, 상대방에게 받은 사랑과 물질은 보상에 해당합니다. 일반적으로 만족도는 사회교환을 통해 얻은 보상이 비용보다 클수록 높아지며, 반대로 비용이 보상보다 클수록 낮아집니다.

하지만 이것만으로 설명하지 못하는 부분도 있습니다. 어떤 사람들은 자신이 받은 보상이 적정한지 다른 사람들과의 비교를 통해 판단합니다. 친구들이 연인으로부터 어떤 대우를 받는지, 어떤 선물을 받았는지 들으면서 내가 받은 사랑이 충분한지, 부족한지를 판단하는 것이죠. 이를 '비교 수준'이라고 하며, 이는 관계에서 마땅히 받아야 한다고 생각하는 보상의 정도를 뜻합니다. 비교 수준은 사회 통념, 지인들과의 비교, 이전의 교제 경험에서 받았던 보상의 정도 등을 바탕으로 형성됩니다. 비교 수준이 높은 사람들은 자신이 준 것보다 상대에게 많은 것을 받고 있어도 비교 수준에 미치지 못하면 불만족하게 되지요.

또한 때때로 우리는 '내가 이 사람 말고 다른 사람과 만난다면 더 사랑받지 않을까?' 하고 생각하기도 해요. 이를 '대안 비교 수준'이라고 합니다. 다른 대안을 선택했을 때 얻을 것으로 기대하는 보상의 정도를 말합니다. 현재의 관계를 끝내고 다른 사람을 만났을 때 더 많은 보상을 받을 것으로 생각한다면 현재 관계에서의 만족도는 떨어지겠지요. 반대로 '이 사람 아니면 누가 날 좋아해 주겠어.'라고 생각한다면, 즉 대안이 없거나 다른 대안을 선택했을 때 얻을 보상이 현재보다 더 적을 것이라고 생각한다면 현재 관계에 충실하겠죠.

사회교환은 상호 간의 신뢰를 바탕으로 이루어진다

물건을 구매할 때 보통은 그 자리에서 곧장 값을 치릅니다. 반면 사회교환은 물건을 받지도 않고 비용을 먼저 지급하는 상황에 가깝습니다. 어려움에 처한 친구에게 도움을 주었다고 해서 바로 보상을 받게 되는 것은 아니잖아요? 언젠가 내가 도움이 필요할 때 친구도 도와줄 것이라는 믿음이 있기 때문에 외상을 주는 것이죠.

사회교환에서 비용과 보상의 정산은 장기간에 걸쳐 이루어집니다. 길게 보면 결국 균형을 이룰 것이라는 신뢰를 바탕으로 관계가 유지되는 것이지요. 그러나 오랜 기간 한쪽이 일방적으로 받기만 하고 주지 않는다면 결국 신뢰는 깨질 것이고 관계는 악화될 것입니다.

가족 관계에서도 비용과 보상의 균형을 추구할까?

우리는 부모님의 보살핌 속에서 오랜 시간을 보냈습니다. 하나부터 열까지 부모님이 다 챙겨 주던 어린 시절을 거치면서 자연스레 부모님의 보살핌을 당연한 것으로 받아들이죠. 뭐든 반복되면 익숙해지고 당연하게 생각하기 마련입니다. 하지만 부모님이 주시는 무조건적인 사랑이 부모님이 져야 할 당연한 의무일까요? 이번 기회에 다시 생각해 보기로 합시다.

내가 애쓰고 노력하는 걸 상대방이 알아준다면 힘이 나잖아요. 내가 사랑과 관심을 쏟는 만큼 상대방도 나를 사랑해 줄 때, 그래서 같은 마음이라는 것을 느낄 때 만족감을 느끼고요. 사람 마음은 모두 같아요. 부모님도 우리처럼 사랑받고 인정받기를 원하는 인간입니다. 물질적으로 해 줄 수 있는 게 많지 않겠지만 방 청소하기, 맛있게 잘 먹었다고 감사 인사하기, 사랑한다고 표현하기만으로도 부모님은 여러분의 마음을 알아채고 보람을 느낄 거예요.

상대방이 요구하지 않는다고 해서, 주는 것이 낯설어서, 받은 만큼 줘야 한다는 것을 의식하지 않고 살아와서, 받는 게 당연해서, 상대방의 노고와 사랑에 감사하지 않는다면 그 관계는 아무리 가족이라도 건강하게 유지할 수 없습니다.

받기만 하는 사람과 관계를 유지하는 이유

일대일의 대인 관계에서 두 사람이 어떤 관계인지는 사실 당사자들밖에 알지 못합니다. 외부로 드러나는 몇몇 장면으로 섣불리 판단하기 어렵죠. 따라서 일대일의 관계는 은밀한 부분이 있습니다. 대인 관계 경험이 부족한 사람이나 순진하고 착하기만 한 사람은 자칫 왜곡된 관계에 몰두하기도 합니다. 교묘한 말솜씨로 상대방을 길들여서 이용하는 나쁜 사람들도 있으니 조심해야 합니다.

연수와 지원이의 관계도 단편적인 장면만으로 판단하는 데에는 한계가 있습니다. 다만 연수가 손해를 보면서도 지원이를 계속 친구로 생각하고 만난다면, 우리는 모르는 이유가 있을 거예요. 연수가 심리적으로 힘들 때 위로해 주는 유일한 친구가 지원이라면 지원이는 연수에게 소중한 존재일 것입니다. 물질적인 측면에서 일방적으로 손해를 보더라도 심리적인 측면에서 보상을 받아 비용과 보상이 균형을 이루는 것이죠.

단, 연수와 같은 사람들은 자신이 일방적으로 피해를 보면서도 혹시 그것을 제대로 인식할 수 없는 정신적, 심리적 상태가 아닌지 점검할 필요가 있습니다. 상대방이 힘으로 지배하고 있는 건 아닌지, 상대방에게 의존하도록 심리적으로 길들여진 것은 아닌지 주변 사람들에게 자신의 상황을 공유하고 조언을 듣기 바랍니다. 나를 존중하고, 나와의 관계를 중요하게 생각한다면, 받은 만큼 주고 싶은 것이 마땅하겠지요.

친구란 무엇일까요? 내가 가진 것을 다 주고도 아깝지 않은 사람일까요? 이 말이 맞으려면 양쪽이 같은 생각이어야 합니다. 관계는 상호 의존적이며, 쌍방향으로 이루어지는 소통입니다. 일방적으로 주기만 하거나, 일방적으로 받기만 하기보다 서로가 서로에게 충실할 때 좋은 친구 관계를 유지할 수 있습니다.

사회교환을 할 때 가져야 할 마음가짐

받는 것이 당연한 사람은 없습니다. 나에게 뭔가를 주는 것만으로 상대방이 만족한다 하더라도 그런 관심과 사랑을 당연하게 생각한다면 상대방은 곧 지칠 것이고, 관계는 악화될 것입니다. 상대방보다 우월하다는 착각을 하면서 나를 좋아해 주는 사람의 마음을 함부로 대한다면 왜곡된 인간관계를 반복하게 될 것이고, 결국 주변에 아무도 남지 않을 것입니다. 지속적으로 누군가에게 사랑과 관심을 줄 수 있는 건 기뻐하고 보답하는 상대방의 반응이 있기 때문입니다.

또한 줄 때는 받을 것을 계산하지 마세요. 건강한 관계라면 장기적으로 비용과 보상이 결국 균형을 이룰 것입니다. 그러나 줄 때마다 받을 것을 따진다면 정말 계산적인 사람이 됩니다. '내가 이만큼 해 줬으니 너도 이만큼은 해야 한다.'라는 생각을 가진다면 상대방에게 보상을 강요하게 됩니다. 강요해서 억지로 받는 보상에 만족할 수 있을까요? 사람마다 자신만의 표현 방법과 타이밍이 있습니다. 상대방이 내 뜻대로 움직이지 않는다고 해서 실망하거나 내 뜻을 강요한다면 누구를 만나든 관계를 오래 유지할 수 없습니다. 줄 때는 받을 것을 계산하지 말고, 주면서 느낄 수 있는 행복감을 충분히 즐기세요.

마지막으로, 도움을 줄 수 있을 때 주세요. 나는 도움을 주지도 받지도 않겠다고 생각하는 사람이 있어요. 그러나 세상일은 알 수 없어요. 살다 보면 주변 사람의 도움이 절실히 필요할 때가 생기곤 하죠. 막상 자신에게 그런 일이 닥치면 주변에 사람이 없거나, 있어도 도움을 청하기가 곤란하게 돼요. 내가 도움이 필요할 때 두 팔을 걷어붙일 친구를 가지려면 나 역시 주변 사람들이 도움을 필요로 할 때 도와주어야 합니다. 내가 충분히 도울 여력이 있다면, 상대방에게 그 도움이 큰 힘이 된다면 망설일 이유가 없겠죠. 귀찮아하지 마세요. 인간은 서로 돕고 사는 존재랍니다.

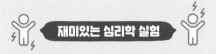

먼저 선의로 대하고, 상대방의 반응에 따라 전략을 수정한다

죄수의 딜레마 게임을 들어 보셨나요? 두 사람이 서로 대화할 수 없는 상황에서 각자의 선택이 서로에게 영향을 미친다면, 협력할까요? 배신할까요?

함께 범죄를 저지른 용의자 2명이 검사 앞에 앉아 있습니다. 사전에 이들은 체포되더라도 절대 자백하지 않기로 약속했습니다. 검사는 서로 어떤 진술을 하는지 알 수 없도록 따로 심문을 진행했고, 둘 중 한 명만 자백할 경우 그 사람만 석방시켜 주겠다고 제안을 합니다.

용의자들이 가진 선택지는 아래 표와 같습니다. 친구를 배신하지 않고 둘 다 묵비권을 행사할 경우 둘 다 1년 형만 받지만, 둘 중 한 명이라도 범죄 내용을 자백할 경우 묵비권을 행사한 나머지 사람은 8년 형을 살게 됩니다. 서로 살겠다고 둘 다 자백을 하면 각각 5년 형을 받게 되고요.

용의자 B / 용의자 A	묵비권 행사(협력)	자백(배신)
묵비권 행사 (협력)	A, B 둘 다 1년	A(8년), B(석방)
자백(배신)	A(석방), B(8년)	A, B 둘 다 5년

여러분은 어떤 선택을 하시겠어요? 묵비권을 행사(협력)하다가도 친구가 배신할지 모른다는 의심이 싹트기 시작하면 차라리 먼저 자백(배신)하는 게 낫겠다는 생각이 들겠죠.

일회적이라면 자백(배신)이 최선의 전략일지도 모릅니다. 그러나 현실의 인간관계는 일회적이지 않습니다. 내가 배신했던 사람과 또 다시 함께 일하고, 공부해야 하는 상황이 생기죠. 그때는 과거에 배신했던 것을 후회하게 될지도 모릅니다.

미국의 정치학자 로버트 엑설로드Robert Axelrod는 그의 책《협력의 진화》(1984)에서 죄수의 딜레마 게임을 수백 번 반복해 진행할 경우 어떤 전략이 가장 우세한지 실험했습니다.

로버트는 저명한 심리학자, 경제학자, 수학자, 정치학자 등을 초대했고, 이들 14명은 각자 준비한 전략을 사용해 리그전 방식으로 200회의 게임에 참여합니다. 규칙은 다음과 같습니다.

| 점수 획득 규칙 |

1. 내가 협력하고 상대방도 협력하면 3점을 얻는다.(상호 협력에 대한 보상)

2. 내가 배신하고 상대방이 협력하면 5점을 얻는다.(배신의 유혹)

3. 내가 협력하고 상대방이 배신하면 점수를 얻지 못한다.(머저리의 빈손)

4. 내가 배신하고 상대방도 배신하면 1점을 얻는다.(상호 배반에 대한 처벌)

대회에서 우승한 전략은 토론토 대학교의 라파포트 교수가 선보인 팃포탯Tit for Tat입니다. 팃포탯 전략은 간단합니다.

1. 첫 번째 게임에서는 반드시 상대방에게 협력한다.
2. 다음 게임부터는 이전 게임에서 상대방이 협력한 경우 계속 협력하고, 상대방이 배신한 경우 나도 배신한다.

이를 인간관계에 적용해 보면 이렇습니다. 누군가를 처음 만났을 때 경계하거나 적대시하지 말고, 먼저 친절하게 대하는 거죠. 상대방이 친절로 호응하면 좋은 관계를 유지하게 될 것입니다. 그 사람이 배신하지 않는 한 말이죠. 만약 그 사람이 나를 배신한다면 신뢰는 흔들릴 것입니다. 다음에 또 배신하지 않을 것이란 보장이

없으니까요. 물질적 피해나 마음의 상처를 입을 수도 있고요. 상대
방의 배신을 배신으로 갚아 주려 할지도 모르죠.

　반대 상황도 살펴볼까요? 우리 역시 때때로 원하는 것을 얻기
위해 친구를 배신하고 싶은 유혹에 빠질 때가 있습니다. 그 선택은
원하는 것을 얻고 사람을 잃는 선택입니다. 충동적으로 그런 선택
을 하기도 하지만, 친구를 잃더라도 원하는 것을 얻는 것이 자신에
게 이익이라고 판단한 것이죠. 배신의 내용이나 크기에 따라 상황
이 다를 수 있지만 그러고 나면 자신을 외면하는 친구와 동료를 견
뎌야 해요. 그들과 계속 함께 생활하기가 쉽지는 않을 거예요. 결
과적으로 얻은 것이 많을까요, 잃은 것이 많을까요? 사회 속에서
살아가는 우리에게 주변 사람들과의 관계는 중요해요. 매일매일
사람들과 소통하고, 관계를 맺으며 살아가야 하니까요.

남한테는 엄격하면서
왜 자기한테만
관대할까?

#행위자-관찰자편향
#메타인지
#공감

수업에 방해된다는 이유로 학생들의 휴대폰을 압수하면서 정작 자신은 수업 도중 전화를 받으러 나가는 선생님, 본인은 담배를 피우면서 자녀한테는 피우지 말라고 하는 아버지, 공부에 방해되니 떠들지 말라면서 자기가 제일 많이 떠드는 학생이 있습니다. 자신에게 적용하는 원칙과 타인에게 적용하는 원칙이 다른 사람들이죠. 그래 놓고 논리적으로 따져 물으면 납득하기 어려운 논리로 자신을 합리화하거나 되려 화를 내기도 해요. 왜 사람들은 자신에게 너그러우면서 타인에게는 엄격할까요? 여러분도 혹시 그런 경험 있으신가요? 이 장에서는 나와 타인에 대해 이중적인 태도를 보이는 사람들의 심리에 대해 살펴보겠습니다.

'내로남불'은 행위자−관찰자 편향

'내가 하면 로맨스, 남이 하면 불륜'을 줄인 '내로남불'이라는 말, 들어 본 적 있죠? 동일한 상황에 놓인 '나'와 '남'에 대해 완전히 다르게 평가하는 것을 뜻해요. 남이 할 때는 비난하던 행동을 자신이 할 때는 합리화하는 사람들에게 쓰는 표현이지요.

내로남불은 귀인 이론에서 '행위자−관찰자 편향'으로 설명할 수 있습니다. 행위자−관찰자 편향이란 행위의 당사자인지, 행위를 관찰하는 사람인지에 따라 상황을 다르게 해석하는 것을 말합니다. 연수와 민재의 상황을 보면 쉽게 이해할 수 있을 거예요. 연수는 자신이 약속 시각에 늦었을 때(행위자 입장)는 '버스가 늦게 왔어.'라고 상황 탓(외부 귀인)을 하면서, 민재가 약속 시각에 늦었을 때(관찰자 입장)는 상황 요인을 고려하지 않고 친구의 잘못(내부 귀인)으로 돌리고 있어요. 지각이라는 같은 결과에 대해 자기에게는 너그러우면서 친구에게는 엄격하게 대하고 있군요.

정리하면, 부정적 결과에 대해 행위자일 땐 자신이 아닌 다른 곳(외부 요인)에서 원인을 찾고, 관찰자일 땐 대상의 내적 속성(내부 요인)에서 원인을 찾는 경향을 행위자 – 관찰자 편향이라고 합니다.

행위자-관찰자 편향이 나타나는 이유

이러한 편향이 나타나는 이유는 세 가지로 해석할 수 있습니다.

첫째, 지각의 초점이 다르기 때문입니다. 내가 관찰자일 때는 관객이 공연을 보는 것처럼 무대 배경보다 무대 앞에서 연기하는 배우, 즉 행위자에 집중하게 됩니다. 따라서 사건의 원인을 행위자(대상)에게서 찾을 가능성이 크지요. 반면 내가 행위자일 때는 거울을 보며 행동하는 것이 아니므로 나의 시선으로 지각할 수 있는 것, 즉 나를 둘러싼 상황이나 외부 요인이 더 잘 보일 수밖에 없지요. 그래서 결과가 외부 요인에서 비롯되었다고 판단할 가능성이 큽니다.

둘째, 행위자와 관찰자가 가진 정보의 차이도 편향을 일으키는 요인입니다. 행위자는 상황을 몸소 겪기 때문에 관찰자에 비해 더 많은 정보를 가집니다. 집 밖을 막 나서려는데 엄마가 심부름을 시켰는지, 버스가 늦게 왔는지, 입을 옷이 없어서 고민하다 시간을 지체했는지는 행위자만 알 수 있는 사실이죠. 이에 따라 행위자일 때는 주어진 상황에서 최선을 다했다고 생각하기 때문에 외부 귀인할 가능성이 크고, 정보가 부족한 관찰자 입장일 때는 어떤 일이 있었는지 알 수 없으므로 대상의 속성으로 내부 귀인할 가능성이 큽니다.

마지막으로, 동기가 다르기 때문입니다. 인간은 자신을 가치 있는 존재로 인식하려는 강한 동기를 가집니다. 따라서 우리가 행위자일 때는 부정적인 결과에 대해 자신의 능력 부족, 반윤리적 태도 등이 원인이 아니라 어쩔 수 없는 상황 때문이었다고 인식하려는 경향이 있습니다. 비난이나 신분 상의 불이익, 자존감 하락 등을 피하고 자신을 보호하기 위한 강한 동기가 작용하는 것이지요. "남들도 다 하잖아. 왜 나한테만 뭐라고 해?" "그런 상황이었으면 당신들도 그렇게 했을걸."이라며 자기 합리화를 하는 거예요. 반면 다른 사람의 문제는 좀 더 객관적이고 비판적인 시각으로 바라봅니다. 원인이 어디에 있든 나에게 영향을 미치지 않기 때문이지요

(사랑하는 가족이나 친구의 문제일 경우 나의 문제로 인식하는 '동일시 현상' 이 나타나기도 해요.). 뉴스에 나오는 범죄자를 볼 때 관찰자인 우리는 그 사람을 좋게 볼 동기가 없습니다. 그 사람은 원래 흉악하고 나쁜 놈이었을 것이고, 나쁜 짓을 저질렀으니 마땅히 벌을 받아야한다고 생각합니다. 범죄자에게 어떤 사정이 있는지 관심도 없고 알려고도 하지 않지요.

행위자-관찰자 편향이 나타나면 발생하는 문제

행위자-관찰자 편향은 다른 사람에게 닥친 부정적인 결과를 귀인할 때 문제가 됩니다. 내가 모르는 사정이 있을 수 있는데도 충분히 알아보지 않고 그 사람의 성격이나 태도, 능력의 문제로 쉽게 단정하기 때문입니다. 입장을 바꾸어 생각해 보세요. 나에게 닥친 불행한 사건에 대해 다른 사람들이 알지도 못하면서 함부로 평가한다면 굉장히 억울하고 분하겠지요.

관찰자 편향이 집단으로 발생하면 문제는 좀 더 심각해집니다. 당하는 사람은 집단 내에서 부당한 대우를 받거나 고립될 수 있어요. 예를 들어 볼까요?

여학생 A, B와 남학생 C가 있습니다. A와 C는 사귀는 사이이고, B와 C는 같은 동아리 친구입니다. 어느 날 A가 복도를 지나가다가

B와 C가 교실에서 다정하게 대화하는 장면을 목격합니다. A는 화가 나서 B가 자신의 남자 친구에게 치근덕거린다고 소문을 내고, 얼마 지나지 않아 학교에서 B는 '꽃뱀'이라는 별명으로 불리게 되고 맙니다. 소문을 들은 다른 친구들도 '원래 그런 애', '성격 이상한 애'라는 등의 비난을 쏟아 냅니다. B는 학교를 그만두고 싶을 만큼 물리적, 정서적 공격에 시달려요. B는 억울합니다. C와는 교지 편집을 위해 회의를 한 것일 뿐인데, 아무리 말을 해도 A와 친구들은 믿지 않아요.

위 사례에서 잘못된 소문에 대해 친구들은 어떤 반응을 보였나요? 사실 관계를 확인하지도 않고, B가 원래부터 성격에 문제가 있었다며 내부 귀인하고 있지요. 생각에만 그치지 않고 다 들리게 수근대거나 공격적인 시선으로 바라보는 것은 B에게 직접적인 피해를 준 것이므로 정서적 폭력을 저지른 것입니다. 자신에게는 관대하면서 다른 사람은 함부로 평가하는 이러한 문화가 지속된다면 우리는 서로를 공격하고 상처 주는 삭막한 사회에 살 수밖에 없습니다.

행위자-관찰자 편향을 줄이려면 어떻게 해야 할까?

행위자 – 관찰자 편향을 줄이기 위해 '메타 인지metacognition'를 사용해 봅시다. '초월한, 위의, 넘어서'란 뜻의 메타^{meta}가 붙은 메타 인지란 '인지 위의 인지'라는 말이 됩니다. 인지가 정보를 획득하고, 기억하고, 활용하는 사고 과정이라면, 메타 인지는 내가 올바르게 판단하고 행동하고 있는지 나의 사고와 행동을 위에서 내려다보면서 점검하고, 평가하고, 반성하는 사고 과정이지요.

나와 타인의 동일한 행동에 대해 다른 평가를 하고 있는 것은 아닌지, 자신을 보호하기 위해 객관적인 사실을 외면하고 외부로 원인을 돌리고 있는 것은 아닌지, 타인의 행동을 판단할 구체적인 정보가 없음에도 비합리적인 판단을 하고 있는 것은 아닌지 점검할 필요가 있습니다. 타인이 한 행동의 원인을 판단할 만한 정확한 정보가 없거나 사실 관계를 확인하기 어려운 경우에는 판단을 보류하는 것이 좋습니다. 자기 일이 아니므로 대수롭지 않게 여기고, 쉽게 말하고, 쉽게 비판한다면 다수가 가하는 폭력의 공범이 될 수 있거든요. 판단을 보류하고 사실 관계가 밝혀질 때까지 기다릴 수 있다면 적어도 누군가를 억울하게 만드는 실수는 하지 않을 것입니다.

타인을 비판하기에 앞서 과거의 나를 돌아보는 것도 좋아요. 과거 유사한 상황을 겪었을 때 자신의 행동을 스스로 어떻게 평가했는지, 주변 사람들은 나에 대해 어떤 평가를 했는지 떠올려 보세요. 당하는 사람의 입장에서 그 사람의 심정이 어떨지 역지사지

해 보는 것도 좋고요. 자신의 행동에 대해서는 합리화하고, 타인의 행동에 대해서는 타당한 근거 없이 비난한다면 결국 상황에 따라 말이 바뀌고, 일관되지 못한 기준을 가진 사람으로 평가받게 될 겁니다.

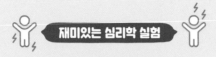

애인과 전공,
어떤 이유로 선택했나요?

행위자-관찰자 편향에 관한 실험을 가장 먼저 한 사람은 미국의 심리학자 리처드 니스벳Richard Nisbett과 그의 동료들입니다(1973). 그는 남자 대학생들에게 현재 애인과 왜 사귀는지, 대학 전공을 왜 선택했는지 간단하게 적도록 했습니다. 행위자 입장에서 어떻게 귀인하는지를 살펴본 것이지요.

또한, 관찰자 입장도 되어 보도록 설계했습니다. 그들의 가장 친한 친구가 현재 애인과 왜 사귀는지, 대학 전공을 왜 선택했을지도 적도록 했습니다.

피실험자 30명 중 애인이 없거나 아직 전공을 선택하지 않은 7명을 제외한 23명의 답변을 분석했습니다.

그 결과 본인의 선택에 대해서는 "그녀가 매력적이어서, 그녀가 똑똑해서, 전공의 전망이 밝아서, 취업이 잘 되는 분야라서, 높은 보수를 받는 분야라서" 등 원인을 외부에서 찾는 외부 귀인이 많았습니다.

반면 친구의 선택에 대해서는 "그 녀석은 외로움을 못 견디는 스타일이라서, 친구가 작고 귀여운 여자를 좋아해서, 친구가 관심이 많은 분야라서" 등 친구의 내적 요인에서 원인을 찾는 내부 귀인이 많았고요.

이 연구를 통해 니스벳은 사람들이 귀인을 할 때 행위자-관찰자 편향이 나타난다는 사실을 밝혔습니다. 자신의 행동은 상황에서 원인을 찾고, 다른 사람의 행동은 그 사람의 성격이나 기질에서 원인을 찾는다는 것이죠.

우리에게 일어나는 사건들 대부분은 내외부의 여러 요인이 복합적으로 작용해요. 원인을 어느 하나로 단정하는 것은 상황을 지나치게 단순화하는 것이지요. 따라서 우리가 행위자일 때는 주변 상황뿐 아니라 자기 성찰도 필요합니다. 우리가 관찰자일 때는 당사자가 처한 상황까지 헤아리기 위해 노력하는 것이 좋겠죠?

3부

 나

: 내 맘 같지 않은 나의 마음

왜 남에게
착한 사람으로
보이고 싶을까?

#착한아이증후군
#유기불안
#사랑과소속의욕구

***

권력 관계로 보면 청소년기는 낮은 권력을 가진 시기에 해당합니다. 가정에서는 부모님에게 의존해야 하고, 학교에서는 선생님과 학교 규범에 순응해야 안정적인 생활을 영위할 수 있지요. 이에 따라 권력자 또는 소속 집단이 요구하는 행동을 하고 그들에게 인정받고자 애쓰게 됩니다. 남들에게 착한 사람으로 보이려고 하는 것은 그들에게 버림받지 않기 위한 몸부림과도 같습니다.

집에서 여준이는 부모님이 원하는 모습, 즉 동생을 잘 돌보는 착한 형으로, 학교에서는 자신이 손해를 보더라도 친구들의 요구를 들어주는 착한 친구로 살아가고 있습니다.

착한 아들이자 좋은 친구로 보이기 위해 자기 욕구를 숨긴 채 양보하며 살아가는 여준이의 마음 상태는 어떨까요? 남들이 원하는 대로만 살면서 자기 자신을 잃어 가고 있지는 않을까요?

미움받기 싫다, 사랑받고 싶다

인간은 사회적 동물입니다. 가족, 또래 집단, 학교, 회사 등 집단을 이루어 생활합니다. 인간은 누구나 원하는 집단에 속하고 싶어 하며, 그 속에서 인정받고 사랑받기를 원합니다. 미국의 심리학자 에이브러햄 매슬로Abraham Harold Maslow는 이러한 욕구를 '사랑과 소속의 욕구'라고 정의했습니다. 사랑과 소속의 욕구가 채워지지 않으면 사람들은 사회적 고통을 느끼게 됩니다.

사회적 고통이란 말 그대로 사회에서, 인간관계에서 느끼는 고통을 뜻합니다. 사랑하는 사람과의 관계가 단절되거나 집단 구성원들에게 배척당할 때 느끼는 고통이지요. 함께 생활하는 사람들이 나를 무시하고, 외면하고, 괴롭힌다면 마음이 어떨까요? 거대한 사회 속에서 의지할 곳 하나 없는 외톨이라고 느낄 때, 사회는 편안한 곳이 아니라 무섭고 두려운 곳이 되겠지요. 이때 느끼는 외로움, 고립감, 슬픔, 불안, 우울 등의 사회적 고통은 다쳤을 때 느끼는 물리적 고통과 그 정도가 유사하다고 합니다.

사랑받기 위해 착한 아이가 된 사람들

어린 시절에 아이는 해야 할 것과 하지 말아야 할 것을 구분하지 못합니다. 그저 욕구에 따라 행동할 뿐이에요. 그러다 보면 아이의 욕구는 부모님의 기대와 충돌하게 됩니다. 아이가 신이 나서 뛰어다니면 부모님은 다른 사람에게 피해가 될까 봐 뛰지 말라고 제지하죠. 당시에는 알아듣는 것 같지만 아이는 금방 잊고 또다시 뛰어다닙니다.

이때 부모님은 다양한 방법으로 아이를 교육합니다. 습관이 될 때까지 꾸준히 반복해서 가르치기도 하고, 아이가 이해할 수 있도록 왜 그래야 하는지를 설명하기도 합니다. 간혹 손쉬운 방법을 사용하는 부모님도 있습니다. "말 안 들을 거면 밥도 먹지 마." "엄마는 말 안 듣는 아이는 싫어. 너 엄마 아들 안 할 거야?" "말 안 들으면 나쁜 아저씨한테 잡아가라고 할 거야." 등 아이가 원하는 것을 박탈함으로써 자신의 통제를 따르도록 하거나 겁을 주는 방식으로요.

아무리 겁을 줘도 부모님이 자신을 사랑한다는 확신만 있다면 아이는 불안해하지 않습니다. 하지만 어떤 아이들은 "정말 그런 일이 벌어지면 어떡하지?" "엄마 없이 내가 어떻게 살아?" "무서운 사람들한테 잡혀가면 죽을 거야."라고 생각하며 불안해하지요. 이를 '유기 불안'이라고 합니다. 단순히 말 한마디로 유기 불안을 느끼는 것은 아닙니다. 정말 버림받을지 모른다는 생각이 들 정도로 아이가 강한 충격을 받았을 때 공포가 싹트기 시작합니다. 보호자 없이 살아갈 수 없는 아이들은 이때부터 버림받지 않기 위해 말 잘 듣는 착한 아이가 되려고 애를 씁니다.

부모님은 자녀들이 서로 싸우지 않고 화목하게 지내길 바라지요. 사회 규칙을 잘 지키고, 어른들에게 공손하고, 어려운 친구를 도와주는 좋은 사람으로 성장하기를 기대하고요. 이런 부모님의 기대에 부응하는 착한 아이가 되려면 아이들은 자신의 욕구를 억제하고 감정을 숨길 수밖에 없습니다.

이 같은 방식으로 부모님과 관계를 형성한 아이들은 학교에 가서도 비슷한 양상을 보입니다. 친구들이 자신을 싫어하거나 외면할 것을 두려워하는 것이지요. 그래서 자신의 욕구를 스스로 검열하면서 친구들이 기대하고 원하는 방식으로 표현하고 행동하고자 합니다. 친구들이 자신을 좋은 사람으로 느끼도록 행동하며, 집단에서 배척당하지 않기 위해 애를 씁니다. 문제는 나이가 들수록 소속 집단의 규모가 커지므로 그만큼 신경 써야 할 사람의 수도 늘어난다는 것입니다.

착한 아이 증후군이란?

'착한 아이 증후군'이란 자신의 욕구를 억압하면서 부모님이 원하는 착한 아이가 되려고 지나치게 노력하는 심리를 뜻합니다. 유기 공포를 경험한 아이들에게서 주로 나타나는 현상이지요. 이들은 착한 아이가 되지 않으면 버림받을 것이라는 강력한 신념에 사로잡혀 있습니다. 그래서 끊임없이 자기 감정과 욕구를 검열하고 억압합니다.

어릴 때 시작된 착한 아이 증후군은 성인이 될 때까지 유지되는 경우가 많습니다. 착한 아이 증후군은 곧 '착한 사람 증후군'으로 이어지곤 합니다. 다음은 착한 아이 증후군을 겪는 사람들의 특징입니다.

- 쉽게 상처를 받는다.
- 다른 사람의 눈치를 많이 본다.
- 상대방이 화를 내면 대처하지 못 한다.
- 기분이 나빠도 겉으로 드러내지 않는다.
- 규칙에서 벗어난 행동을 하면 매우 불안하다.
- 부탁을 제대로 들어주지 못하면 미안한 마음이 든다.
- 의사 결정할 때 주로 다른 사람 의견에 따른다.
- 잘못하지 않았어도 상대방이 기분 나빠하면 먼저 사과한다.

이들은 하고 싶은 말이나 행동이 있어도 상대방이 부정적으로 생각할까 봐 걱정하고 망설입니다. 자신의 행동이 타인에게 승인받을 수 있을지를 생각합니다. 타인을 만족시키는 방향으로 말하고 행동하다 보면 원치 않는 일을 하게 되는 경우가 많습니다. 좋은 사람, 착한 사람일지는 몰라도 나의 욕구와 감정은 외면하며 살아가게 됩니다. 그렇게 억압된 욕구와 감정은 한순간에 폭발하기도 하며, 우울증이나 무기력증으로 나타나기도 합니다. 또한 타인의 눈치를 보며 힘겹게 인간관계를 유지하다 보니 회의를 느끼거나 사람들과 어울리는 것 자체를 불편하고 부담스러워 하기도 합니다.

착한 아이 증후군을 겪는 사람들에게

타인의 기대대로 살다 보면 정체성을 잃게 됩니다. '나'는 없어지고, 개성도 주장도 없는 그저 다른 사람에게 휘둘리는 착한 아이만 남게 되는 것이지요. 억압된 욕구와 감정은 반드시 부정적인 방식으로 터져 나오게 됩니다. 마음을 병들게 하는 착한 아이 증후군으로부터 벗어나려면 어떻게 해야 할까요?

첫째, 잘못된 신념을 버려야 합니다. '상대방의 기대대로 행동하지 않으면 버려질 것'이라는 마음 속 깊이 내재된 신념이 합리적인지 살펴봅시다. '버려진다'는 말은 누군가의 소유물일 때에나 성립하는 말입니다. 독립적으로 존재하는 인간 사이에서 버려진다는 표현은 성립할 수 없습니다. 헤어짐은 누가 누군가를 버리고, 누가 누군가에게 버려지는 것이 아니라 마음이 안 맞아 각자 자신의 길을 가는 것일 뿐입니다. 이제는 누군가에게 절대적으로 의존해야만 생존할 수 있는 시기를 지나왔음에도 여전히 어릴 적 경험한 유기 공포에 사로 잡혀 있는 것은 아닌가요? 나는 누군가의 소유물이 아니고, 누군가에게 의존하지 않아도 살아갈 수 있는 독립적인 존재라는 자신에 대한 믿음이 필요합니다.

또한, 모든 것을 '내 탓'으로 여기는 것도 잘못된 신념입니다. 이들은 주변 사람의 기분이 나쁘면 '내가 뭘 잘못했나?'라며 습관적으로 눈치를 봅니다. 오늘 친구의 기분이 나쁜 건 부모님이나 선생님께 혼났기 때문일 수도 있고, 성적이 생각만큼 안 나와서일 수도 있어요. 그런데 무엇 때문에 화가 난 건지 따져보지도 않고 자기 탓인냥 친구의 기분을 풀어 주려고 애쓰고, 눈치를 보면서 전전긍긍해요. 마찬가지로 부모님이 싸울 때면 본인 때문에 싸우는 것만 같아 죄책감을 느낍니다. 이는 매우 비합리적인 신념입니다. 오히려 감정을 조절하지 못 하고 화를 내서 당신의 기분까지 망치는 상대방의 태도가 문제 아닐까요?

둘째, 나의 욕구를 적절히 표현할 줄 알아야 합니다. 주변 사람의 기대에 부응하기 위해 억눌러 왔던 내면의 목소리에 귀를 기울이고 조금씩 표현하는 연습을 해야 합니다. 상대방이 화낼까 봐 두려워하지 말고, 하기 싫으면 하기 싫다고 분명하게 말해 보세요. 세상에서 가장 중요한 사람이 있다면 그건 나 자신이고, 그런 나 자신에게 충실하자는 것입니다. 처음에는 어려울 수 있지만 여러 번 연습하다 보면 나의 감정과 욕구를 적절하게 표현하는 방법을 찾을 수 있을 거예요.

셋째, 부정적인 평가에 연연하지 마세요. 모든 사람에게 인정받고 사랑받을 수는 없습니다. 친구들 사이에서 A의 기분을 맞추면 B가 서운해하고, B의 기분을 맞추면 A가 화를 낸 경험이 있을 겁니다. 어차피 모든 사람의 기분을 맞출 수 없다면, 어떻게 하든 누군가에게는 비판받을 상황이라면 내가 원하는 대로 행동하는 것이 후회가 덜 남을 선택이지 않을까요? 누군가의 승인을 받기 위해 내 뜻과 다른 행동을 하고 욕을 먹느니 내 뜻대로 행동하고 욕을 먹는 게 낫잖아요.

다른 사람의 기준에 맞춰 살아가는 것은 한계가 있습니다. 다양한 사람들의 서로 다른 기준을 모두 맞출 수는 없기 때문입니다. 또한 타인을 평가하는 그들의 기준이 항상 옳은 것도 아니고요. 부정적인 평가를 피하기 위해 다른 사람의 기준에 자신을 끼워 맞추기 보다 스스로 판단하고 행동하세요. 나의 가치는 다른 사람들이 결정하는 것이 아닙니다. 누군가가 나를 부정적으로 평가한다고 해서 지금까지 쌓아 올린 나의 경험과 실력이 없어지는 것은 아니잖아요. 바람에 흔들리는 나무처럼 이리저리 흔들리지 말고, 때로는 자신을 믿고, 자신의 길을 가세요.

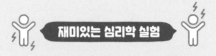

유기 불안은 인간관계에
어떤 영향을 미칠까?

유기 불안을 가진 사람들이 모두 착한 사람이 되는 것은 아닙니다. 오히려 인간관계에서 여러 문제가 나타나기도 해요. 심리학자 오남경, 이영순은 대학생 692명을 대상으로 유기 불안이 대인 관계 문제와 어떤 상관이 있는지 연구했습니다(2015).

우선 유기 불안을 측정하는 척도는 3개의 하위 요인(유기감, 거절·거부하기, 의존·매달리기)으로 구성되어 있습니다. '유기감'이란 버려질지 모른다는 공포, 분노, 우울, 공허함 등의 정서이며, '거절·거부하기'는 버림받을 상황을 차단하기 위하여 애초에 관계를 거부하는 것이며, '의존·매달리기'는 버림받지 않기 위해 타인과 어떻게든 관계를 유지하려는 것입니다.

연구 결과 '유기감'이 높을수록 버림받지 않기 위해 타인의 행동을 통제하고 조종하려고 하거나, 사람들에게 주목받기 위해 부적절한 자기 노출을 많이 하거나, 다른 사람의 일에 지나치게 참견하는 등의 대인 관계 문제가 나타날 수 있다고 합니다.

'거절·거부하기'가 높을수록 타인에게 쉽게 친밀감을 느끼지 못하며, 호감이나 애정이 있더라도 이를 표현하는 데 서툴고, 타인과 거리를 두려고 하며, 누군가 자신에게 의지하는 것을 힘들어하는 등의 대인 관계 문제가 나타날 수 있다고 하고요.

'의존·매달리기'가 높을수록 자신의 욕구를 주장하기보다는 타인의 의견에 따르고, 타인을 기쁘게 하기 위해 필요 이상으로 순종적이며, 독립성을 유지하지 못하고 쉽게 설득당하거나 이용당할 수 있으며, 관계에서 문제가 생기더라도 자신의 탓으로 돌리고 자책하며 타인의 요구에 지나치게 민감하게 반응하는 등의 대인 관계 문제가 나타날 수 있다고 합니다.

자신이 가진 문제를 해결하기 위한 첫걸음은 무엇이 문제인지를 제대로 아는 것입니다. 위의 설명과 같은 대인 관계 문제를 겪고 있다면 유기 불안이 있는지 자신을 점검해 보세요. 사람들과 더불어 살아가는 것은 매우 중요하지만 버림받을까 두려워하는 마음은 오히려 대인 관계를 악화시키고, 누군가에게 의존하도록 만듭니다.

욕구는 왜
참기
어려울까?

#자기혐오
#중독
#내성
#금단

***

여준이는 책상에 앉아 졸고 있습니다. 시간이 얼마나 흘렀을까요? 정신을 차리고는 깜짝 놀랍니다. 경쟁자들은 잠도 안 자고 공부하고 있을 텐데, 나만 의지가 약해 졸고 있던 것은 아닌지 스스로를 한심하다고 생각합니다. 이러다 뒤처질까 봐 불안하고, 내 몸과 의지가 내 뜻대로 되지 않아 화가 납니다.

연수도 마찬가지입니다. 피자를 두 쪽만 먹겠다고 다짐했는데 한 판을 다 먹고 나서야 후회를 합니다. 다른 친구들은 다들 날씬한데 나만 뚱뚱한 것 같고, 다른 친구들은 다들 다이어트를 잘만 하는데 나만 식욕 하나 마음대로 조절하지 못하는 한심한 인간이라는 생각이 듭니다.

이 장은 내가 내 마음대로 되지 않는다고 생각하는 친구들에게 띄우는 편지입니다. 욕구를 내 마음대로 통제할 수 있을까요? 욕구를 가지는 것이 나쁜 것일까요? 욕구를 조절하지 못하는 자신을 비난하고 욕하는 것이 나에게 좋은 일일까요?

인간의 다섯 가지 기본 욕구

인간은 자신에게 필요한 무엇인가가 없거나 모자라면 의식적, 무의식적으로 그것을 채우려고 합니다. 특정한 행동을 유발하는 이러한 생리적·심리적 원인을 '욕구'라고 합니다. 욕구의 구분은 여러 학자에 의해 다양한 방식으로 시도되어 왔습니다. 그중 미국의 심리학자 윌리엄 글래서^{William Glasser}의 이론을 바탕으로 인간이 가진 다양한 욕구를 살펴봅시다.

글래서는 인간의 욕구를 다섯 가지 기본 욕구로 구분했습니다. 생리적 욕구인 '생존의 욕구'와 심리적 욕구인 '사랑과 소속감의 욕구' '힘 또는 성취의 욕구' '자유의 욕구' '즐거움의 욕구'로 말이지요.

생존의 욕구는 생명을 유지하고 생식을 통해 자신을 확장하려는 욕구입니다. 생명을 유지하려면 끊임없이 에너지를 공급하고 주기적으로 휴식을 취해야 하므로 식욕과 수면(휴식)욕을 가지게 됩니다. 또한 인간은 언젠가 죽게 되므로 생식을 통해 자기를 보존, 확장하려는 유전자의 요구가 이성에 대한 호감과 성적인 욕구로 나타나게 됩니다.

사랑과 소속감의 욕구는 사람들과 정서적으로 교류하면서 사랑하고 사랑받으려는 욕구, 공동체에 속하여 소속감과 안정감을 느끼려는 욕구입니다. 이는 심리적 욕구 중에서 가장 강력한 욕구지요. 집단에 속하지 못하고 따돌림을 당하는 청소년들은 사랑과 소속감의 욕구를 채우지 못하기 때문에 고통스러울 수밖에 없습니다.

힘 또는 성취의 욕구는 경쟁에서 이기고, 원하는 것을 성취하고, 사람들에게 가치 있고 중요한 존재로 인정받고 싶은 욕구입니다. 주변 사람들로부터 인정과 칭찬을 받으려는 것은 이러한 욕구에서 비롯됩니다.

자유의 욕구는 삶의 모든 영역에서 스스로 선택하고, 자신의 의사를 자유롭게 표현하려는 욕구입니다. 청소년들이 부모님의 그늘에서 벗어나 스스로 결정하고 자기 뜻대로 행동하려는 것은 자유롭고자 하는 욕구가 반영된 것이지요.

즐거움의 욕구는 새로운 것을 배우고, 놀이를 통해 즐기려는 욕구입니다. 새로운 것을 배우고 활용하는 것이 생존에 유리하기 때문에 인간은 학습에서 즐거움을 느끼도록 진화했습니다. 관심 분야에 대해 학습하고, 취미 생활을 하고, 생각과 감정을 표현하고 공유하는 예술 활동을 하는 것은 즐거움의 욕구에서 시작됩니다. 여럿이 함께하는 놀이의 경우 사회관계를 맺고 유지하는 데에도 도움이 되고요. 즐거움의 추구는 일과 공부로 지친 우리의 몸과 마음을 회복해 다시 힘을 낼 수 있도록 도와줍니다.

욕구가 우리에게 주는 것

욕구는 삶에 의욕과 활기를 제공합니다. 사랑받고 싶어서 자신을 꾸미고, 목표를 성취하기 위해 노력하고, 자유를 위해 투쟁하고, 끊임없이 새로운 것을 학습하는 것은 욕구가 있기 때문입니다. 욕구를 가졌기 때문에 우리는 무엇인가를 하려는 마음이 생기고, 그러한 마음이 우리를 행동하도록 만드는 것이지요.

욕구는 일상의 기쁨과 즐거움의 원천이기도 합니다. 원하는 것을 얻기 위해 노력하고, 비로소 그것을 성취했을 때 우리는 커다란 행복을 느낍니다. 배가 몹시 고픈 상태에서 맛있는 음식을 먹을 때, 아르바이트를 해서 번 돈으로 갖고 싶었던 운동화를 샀을 때, 목표로 했던 대학에 합격했을 때 느끼는 기쁨과 즐거움이 그것이죠.

또한 욕구는 생존과 적응을 위한 신호라고 할 수 있어요. 우리 몸에 수분이 부족하면 갈증을 느끼고 물을 섭취하려는 욕구가 생기는 것처럼요. 이러한 신호를 무시하면 몸의 균형은 깨지고 건강에 이상이 생기게 되겠지요. 외로움을 느끼면 사람들과 친밀한 관계를 형성하려는 욕구가 생기잖아요. 이는 대인 관계에 참여하여 사회 속에서 적응할 수 있도록 도와줍니다.

욕구를 부정하면 자기혐오에 빠진다

욕구가 좋은 것인지 나쁜 것인지 따지는 것은 무의미한 일입니다. 욕구는 우리 안에 이미 존재하는 것이지 우리가 갖기로 선택한 것이 아니므로 욕구 또한 나의 일부라는 것을 인정하고 받아들여야 합니다. 그러나 어떤 사람들은 자신이 가진 욕구를 부정합니다.

연수는 식욕을 죄악시하며 식욕을 통제하지 못하는 자신을 부끄러워하고 있습니다. 스스로를 미워하고 비하하는 것은 자존감을 떨어뜨리는 원인이 됩니다.

인간은 충동적으로 행동하기보다는 자신의 계획대로 몸과 마음을 통제하기를 원합니다. 그러나 욕구를 통제하는 것은 한계가 있어요. 우리 몸에 휴식이 필요할 때 잠이 오는 것은 나의 의도나 계획과 상관없이 무의식적으로 몸이 반응하는 것이지요. 졸음을 참지 못하는 자신을 한심하게 생각하거나 의지가 약하다고 생각하는 것은 욕구를 제대로 이해하지 못한 거예요. 욕구를 완벽히 통제할 수 있다는 착각에서 벗어나야 불필요한 자기혐오에서 벗어날 수 있습니다. 할 수 없는 일로 스스로를 혐오하는 것은 자기 자신에게 죄를 짓는 것이나 마찬가지입니다.

쾌락에 중독되면 삶의 균형이 깨진다

반대로 특정 욕구에 지나치게 몰두하면 삶의 균형이 깨지거나 자기 파괴적인 행동으로 이어지기도 합니다. 어떤 사람들은 식욕이나 성욕 등 특정 욕구를 충족하면서 느끼는 쾌락에 중독되어 통제할 수 없는 지경에 이르기도 해요. 과유불급이라는 말이 있는 것처럼, 어떤 행위에 중독된다는 것은 매우 위험한 일입니다.

한번 중독되면 멈추려고 해도 쉽게 멈출 수 없습니다. 중독과 관련해 '내성이 생기다.' '금단 현상에 시달리다.'라는 말, 들어 본 적이 있죠? 내성이 생기면 쾌락을 경험하기 위해 끊임없이 새로운 자극을 원하고, 이전보다 자극의 양이나 횟수를 늘려야 합니다. 또한, 참으려고 하면(금단) 불쾌한 기분이 들고 예민해져서 결국 참는 것을 포기하는 악순환에 빠지게 됩니다.

이러한 상태가 되면 삶의 균형이 깨지게 됩니다. 중독되었다는 것은 얽매인다는 것이며, 자유롭지 못하다는 것이지요. 멈춰야 할 때 멈출 수 없고, 하지 말아야 할 때 참을 수 없다면 정작 해야 할 일을 하지 못하게 돼요. 게임을 멈출 수 없어 밤을 새우고 학교에 간다면 수업 시간에 졸 수밖에 없을 테고, 시험공부를 해야 하는데 음란물 시청을 멈출 수 없다면 성적은 떨어질 테지요. 자신이 통제할 수 없는 부분이 점점 커질수록 쾌락을 추구하면서 동시에 불안도 커집니다. 이는 우울증과 같은 심리적 문제를 유발하기도 하고요.

뭐든 한쪽으로 치우치지 않는 것이 좋습니다. 자신이 가진 욕구를 부정하고 자신을 혐오하는 것도, 특정한 욕구에 몰두해 통제력을 상실하는 것도 우리 삶에 부정적인 영향을 끼칩니다. 욕구가 나의 일부라는 사실을 인정하고 받아들이되 쾌락에 중독되어 생활의 균형을 깨뜨려서는 안 됩니다. 욕구는 완벽히 통제할 수 없지만 우리는 만족을 지연, 즉 다음으로 미룰 수 있어요. 적정한 수준에서 욕구를 충족하고 조절하는 힘을 길러야 합니다.

성욕을 조절하지 못하는 청소년에게

청소년들이 통제에 어려움을 겪는 욕구 중 하나가 성적 욕구입니다. 청소년기의 성욕은 자위를 통해 해소하는 경우가 많아요. 자위는 자연스러운 것으로 이를 부끄러워할 필요 없습니다. 다만 자위하는 과정에서 음란물을 시청하는 경우가 많은데, 음란물을 통해 성에 대한 왜곡된 태도를 형성하지 않도록 경계해야 합니다. 음란물에 노출되는 빈도가 높아지면 자극에 둔감해집니다. 이전과 같은 쾌락을 느끼기 위해서 점점 더 강한 자극을 원하게 되고, 자극적인 음란물을 찾다 보면 변태 행위나 범죄 행위를 묘사하는 음란물을 찾기도 합니다. 이러한 유해 음란물에 반복 노출되면 비정상을 정상으로 받아들일 위험이 있습니다.

우리의 생활은 학교에서 공부하고, 친구들과 어울리고, 가족과 소통하고, 취미를 즐기는 등 여러 부분으로 구성됩니다. 그 속에서 우리는 소속감을 느끼고, 사랑하고 사랑받으며, 성취감을 느끼고, 삶을 즐길 수 있습니다. 성적인 욕구에만 몰두하다가 생활의 다른 부분들이 손상되고 있지 않은지, 뜻대로 되지 않는 현실을 잊기 위해 성적인 쾌락에만 집착하고 있지 않은지 점검해 보세요. 균형이 깨지면 쉽게 만족감을 얻을 수 있는 특정 욕구에 더 몰두하게 되는 악순환으로 이어집니다. 반대로 생활의 균형을 찾으면 이런 문제를 어느 정도 개선할 수 있습니다. 주변 사람들과 친밀한 관계를 형성하고, 크고 작은 목표를 달성하면서 성취감을 느끼고, 즐거움을 느낄만한 취미를 찾을 수 있다면, 그래서 자신의 생활에 만족한다면 굳이 한 가지 욕구에 집착할 필요가 없어집니다.

성욕을 조절할 수 있는 구체적인 방법도 살펴볼까요?

성적인 상상을 억제하려는 노력이 오히려 그런 생각을 자꾸 떠오르게 하고 집중하게 합니다. '생각하지 말자, 생각하지 말자.'라고 생각하는 것 자체가 그 생각에서 벗어나지 못하고 있는 것입니다. 욕구에 맞서 싸우면서 의지로 극복하는 것은 한계가 있습니다. 참다 참다 참지 못하고 자위를 하게 되면, 쾌감을 느끼면서도 스스로를 통제하지 못한 자신을 혐오하는 양가적인 감정을 가지게 됩니다. 이는 정신 건강에 매우 해롭습니다.

욕구를 충족할 때는 충분히 즐겨 해소하는 것이 좋습니다. 그래도 생각을 멈출 수 없다면 주의를 돌려 보세요. 나가서 운동을 하거나 친구를 만나는 등 다른 활동에 집중하면 자연스럽게 성적인 생각이 사라질 거예요. 성적인 생각에 몰두하면서 의지로 참아내는 것이 아니라 그 생각이 있던 자리를 다른 생각과 행동으로 채우는 것이지요. 무엇으로 채울지는 이런저런 활동을 시도하면서 자신에게 맞는 것을 찾으면 됩니다. 충분히 즐길 수 있고, 꾸준히 지속할 수 있는 활동이 좋아요.

다음으로, 자신의 행동을 거울에 비춰 보세요. 우리는 때때로 나 자신이 무슨 생각을 하고, 어떤 행동을 하는지를 인식하지 못하는 경우가 있습니다. 감정이 격해져 친구에게 화를 내고 감정이 가라앉은 후에 후회한 경험이 있을 거예요. 생리적인 욕구나 순간적인 감정에 매몰되어 충동적으로 행동하다 보면 내 뜻과는 다른 삶을 살게 된답니다. 내 눈엔 내가 안 보이잖아요. 따라서 행동할 때 자신이 어떻게 행동하는지 거울에 비춰 관찰한다면 좀 더 신중하게 행동할 수 있을 거예요. 스스로의 행동을 관찰하고 평가하는 것만으로도 욕구를 조절하는 데 효과가 있습니다. 자신이 어떤 상황에서 통제력을 잃고 유혹에 굴복하는지 되짚어 보세요. 나의 취약한 부분을 이해한다면 어떻게 대처해야 할지 그 방법도 찾을 수 있을 것입니다.

타인을 욕구 충족의 수단으로 사용하지 말 것

욕구를 죄악시하는 사람이 있는가 하면 욕구를 충족하는 데 거리낌이 없는 사람도 있습니다. 그중 일부는 수단과 방법을 가리지 않고 욕구를 충족하려 하죠. 욕구를 충족하는 과정에서 다른 사람의 권리를 침해하거나 사회 규범을 위반하기도 하고요. 타인과의 다툼도 마다하지 않으며 심한 경우 범죄를 저지르기도 합니다. 성적 욕구를 채우기 위해 성폭력을 저지르는 행위, 집단에 속하기 위해 집단 따돌림에 동참하는 행위, 자신을 돋보이게 하려고 다른 사람을 깎아내리는 행위 등을 예로 들 수 있습니다.

무엇인가를 누군가와 함께하고자 할 때에는 '동의'가 필요합니다. 상대방의 의사에 반하지 않는지, 상대방의 권리를 침해하고 있지 않은지 판단하고 행동해야 합니다.

다른 사람을 자신의 욕구 충족을 위한 수단으로 대하면 안 됩니다. 인간은 수단이 아니라 그 자체로 목적이어야 합니다. 내가 누군가를 위해 존재하는 것이 아니고, 누군가에게 쓰임을 받으려고 살아가는 것이 아닌 것처럼 다른 사람 역시 마찬가지이죠. 인간을 존중하는 것은 우리가 함께 살아가기 위해 꼭 지켜야 할 가장 기본적인 가치입니다. 나의 욕구를 충족하기 위해 타인을 도구로 사용하고 있지 않은지 수시로 돌아보아야겠습니다.

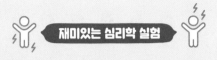

나는
정말 뚱뚱할까?

식욕은 인간이 가진 자연스러운 욕구입니다. 하지만 어떤 사람들은 그 자연스러운 욕구를 거스르고 먹는 것을 거부하기도 합니다. 거식증으로 불리는 신경성 식욕 부진증에 걸린 사람들은 체중 증가와 비만에 대한 극심한 두려움을 지니고 있어서 음식 섭취를 거부합니다.

도널드 윌리엄슨Donald A. Williamson은 이들이 자신의 신체를 왜곡하여 생각하고 느낀다는 점에 주목합니다(1990). 이들의 인지적 왜곡을 확인하기 위해 한 가지 실험을 했습니다. 연구자는 거식증 환자들에게 아래와 같이 1번~9번까지 체형을 보여 주고, 실제 자신의 체형에 가까운 것과 이상적인 체형을 선택하라고 했습니다.

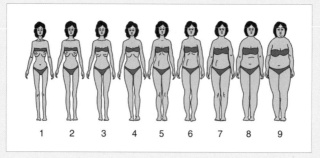

그 결과 거식증 환자들은 자신의 몸매를 실제보다 뚱뚱한 것으로 지각했으며, 이상적인 몸매로 꼽은 것은 정상 체형보다 훨씬 마른 체형이었습니다.

또한, 이들은 몸매의 중요성을 실제보다 과하게 인식하는 경향이 있습니다. 연애에 실패하거나 타인의 관심을 끌지 못하는 이유를 모두 자신의 뚱뚱한 몸매 때문으로 생각하는 경향이 과하게 나타났으며, 타인의 어떤 반응에 대해 전혀 상관없는 자신의 몸매와 관련지어 잘못 해석하는 경향이 나타났습니다.

어딘가로 열심히 달리다 보면 멈출 수 없을 때가 있습니다. 이미 충분히 말랐는데도 계속 굶기를 선택한다면 결국 영양 공급이 안 되어 우리 몸은 망가집니다. 당신은 합리적인 판단을 하고 있나요?

사람들이 왜
나만
쳐다볼까?

#자기중심성
#상상의청중
#개인적우화

스치기만 해도
반하겠지.

부르릉—

버스다!

어,
어,
어?

턱

철푸덕!

아야!

화

끈

아, 창피해⋯⋯.
다들 나만 쳐다
보잖아!

지원이는 복도를 걸어갈 때 남학생들이 자신의 예쁜 모습을 보고 반할 것이라고 상상하네요. 민재는 뛰어가다가 넘어진 자신의 우스꽝스러운 모습을 사람들이 보고 비웃을 것이라고 생각하고요. 두 사람은 주위의 모든 사람이 자신의 일거수일투족을 지켜볼 거라고 생각하고 있어요. 하지만 사람들은 지원이와 민재가 생각하는 것만큼 두 사람에게 관심을 갖지 않습니다. 지원이를 쳐다보며 눈에 하트를 달았던 남학생들, 넘어진 민재를 보며 웃어 대던 사람들은 그저 두 사람의 머릿속에만 있던 상상의 존재였던 모양이네요. 누군가 나를 지켜보고 있을 것만 같은 기분에 혼자서 으쓱해하거나 부끄러워한 경험, 여러분에게도 한 번쯤 있었을 거예요. 이는 청소년기에 많이 나타나는 현상이지요. 이번 장에서는 청소년기의 자기중심성을 중심으로 '상상의 청중'과 '개인적 우화' 현상에 관해 알아보겠습니다.

인간은 자기중심적이다

우리는 주변에서 벌어지는 일들에 대해 '나'를 중심으로 해석하려는 경향이 있습니다. '자기중심성'이란 상황을 해석할 때 타인의 입장을 생각하지 못하거나 자신의 입장에서 왜곡하여 인식하는 것을 뜻합니다. 인간은 각각 독립된 개체이므로 타인의 생각과 감정을 정확히 이해하는 것은 불가능합니다. 또한 자신을 보호하려는 강력한 동기에 의해 자신에게 유리한 방향으로 세상을 인식하기 마련이지요. 그렇기 때문에 우리 모두는 자기중심적일 수밖에 없습니다.

청소년기에는 몇 가지 특수한 조건이 자기중심성에 영향을 미칩니다. 2차 성징으로 급격한 신체 변화가 나타나면서 자신의 외모에 대한 관심이 높아지고, 인지 기능이 발달하면서 자신의 어제와 오늘을 돌이켜보거나 내일에 대한 다양한 상상을 합니다. '나는 누구인가?'라는 근본적인 물음의 답을 찾아가면서 자기에게 몰두하기도 하고요. 또한 소속 집단이 가정에서 학교, 동아리 등으로 확대되면서 많은 사람을 만나게 되는데, 이에 따라 집단에서 사람들에게 어떻게 비칠지 자신의 말과 행동을 신경 쓰게 됩니다. 이처럼 청소년기는 자기 자신에게 몰두하는 경향이 강해지지요.

청소년기의 자기중심성

미국의 심리학자 데이비드 엘킨드David Elkind는 청소년기의 자기중심성을 '상상의 청중'과 '개인적 우화'로 설명합니다. 상상의 청중은 과장된 자의식으로 인해 자신이 타인의 집중적인 관심과 주의의 대상이 되고 있다고 믿는 심리를 뜻합니다. 나는 무대의 주인

공이고 타인들은 나를 지켜보는 '청중'이라 여기는 것인데, 타인의 관심이 나에게만 향해 있다는 것은 '상상'에 불과하므로 '상상의 청중'이라고 합니다.

상상의 청중은 자존감에 따라 다른 양상으로 나타납니다. 자존감이 높은 청소년은 그 청중의 시선을 즐기죠. 사람들이 모여 있는 곳이라면 어디든 무대라고 여기며, 자신의 가치를 보여 줄 기회라고 생각합니다. 쉬는 시간에 갑자기 춤을 추거나 노래를 부르는 친구들이 이에 해당합니다. 반면 자존감이 낮은 청소년은 청중이 자신을 계속 지켜보면서 '평가'한다고 느끼므로 부정적인 평가를 받을까 봐 두려워해요. 밤마다 자신의 지난 행동을 돌이켜 생각하면서 창피해하고 후회하곤 합니다.

개인적 우화는 자신의 감정이나 사고, 경험이 다른 사람과 근본적으로 다르다고 믿는 심리를 뜻합니다. 자신이 겪는 일들을 아주 예외적이거나 특별하다고 생각하는 것이지요. 다른 사람의 그것과 다르다고 믿기 때문에 '개인적'이며, 그것이 객관적인 현실이 아닌 과장되거나 꾸며낸 이야기이므로 '우화'라고 부릅니다.

개인적 우화도 자존감에 따라 다른 양상으로 나타나는데요. 자존감이 높은 청소년은 자신의 우정, 사랑 등을 다른 사람이 결코 경험하지 못하는 특별한 것으로 생각하기도 하고, 다른 사람이 경험하는 위기나 실패 등을 자신은 특별하기 때문에 피해 갈 수 있다고 믿곤 합니다. 예를 들어 담배를 피워도 건강에 영향이 없을 것이라고 믿는다거나, 공부를 안 해도 시험 성적이 좋을 것이라고 믿는다거나, 성관계할 때 피임하지 않아도 임신하지 않을 것이라고 생각하는 거죠. 반면 자존감이 낮은 청소년은 좌절이나 고민을 자신만 겪고 있는 특수한 것으로 인식하므로 세상에서 자신이 가장 불행하다고 생각해요. 자존감은 성공이나 실패를 경험하면서 얼마든지 달라질 수 있으므로 청소년기에는 양쪽의 사례를 모두 경험할 수 있어요.

때가 되면 상상의 청중과 개인적 우화는 사라질까?

많은 사람과의 충분한 교류를 통해 그들의 다양한 생각과 경험을 나누다 보면 자기중심적 사고는 점차 감소하게 됩니다. 다들 자기 삶에 집중하느라 타인에게 생각만큼 관심이 없다는 것을 알게 되면서 상상의 청중은 사라지지요. 내가 결코 남과 다르지 않다는 것을 깨닫게 되면서 개인적 우화도 감소하게 됩니다. 바꿔 말해 사람들과 소통하는 방법을 모르거나 사람들과 함께 있더라도 소통의 질이 낮으면 이 현상은 사라지지 않습니다.

'상상의 청중'은 청중에게 보이는 자신의 행동에 수치심을 느끼는 경우 문제가 됩니다. 유행하는 옷을 입지 않으면 부정적인 평가를 받으리라 생각하는 A가 있다고 가정해 봅시다. 형편이 어려워 유행 지난 옷을 입고 외출해야 한다면 A는 자기 모습을 부끄러워할 것이고, 이 상태가 지속되면 대인 관계는 위축되고 자존감은 낮아질 것입니다.

사람들이 그런 식의 평가를 할 것으로 생각하는 것은 사실 실제 청중의 평가가 아니라 A의 상상입니다. 집단 속에는 다양한 개인이 존재하고, 이들이 모두 같은 기준으로 타인을 평가하는 것은 아니죠. 다양한 가치관과 신념을 가진 개인들과 깊이 있게 소통한다면 평가 기준이 하나가 아님을, 내 모습을 이해하고 인정해 주는 사람들이 존재함을, 내가 아는 세계가 유일한 세계가 아님을 알 수 있을 겁니다.

'개인적 우화'는 자신이 처한 상황을 극단적으로 인식하고, 잘못된 선택을 할 때 문제가 됩니다. 자기 생각에 갇혀서 고민을 키우다 보면 판단을 그르치기 쉽습니다. 이때는 부모님이나 친구들의 조언을 구할 필요가 있어요. 그들은 여러분이 생각하지 못했던 아이디어와 지식을 제공할 것이고, 상황에 대한 다른 해석도 보여줄 것입니다. 의외로 관점만 바꾸어도 별일 아닌 것처럼 느껴지기도 한답니다. 마음을 터놓고 대화하다 보면 다들 비슷한 고민을 하며 살아간다는 것을, 충분히 이겨 낼 수 있다는 것을 알게 될 겁니다.

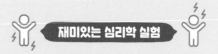

나는 특별해서 흡연해도
건강할 것이다?

오스트레일리아의 심리학자 스테판 브라이트Stephen J. Bright와 동료들
은 17세에서 25세 사이의 학생 249명을 대상으로 청소년들의 위험
감수 행동이 개인적 우화와 관련 있는지 연구했습니다(2008).

연구에 사용된 개인적 우화 척도는 전능성, 불멸성, 독특성으로
구성되어 있습니다. 전능성은 '나는 무엇이든 할 수 있어.'라는 신념,
불멸성은 '나는 뭘 해도 다치지 않아.'라는 신념, 독특성은 '나는 남
들과 다른 특별한 사람이야.'라는 신념입니다.

연구 결과 흡연한 적이 있는 사람들은 담배를 전혀 피우지 않은
사람보다 개인적 우화의 전능성과 불멸성 점수가 높았습니다.

위험 감수 행동의 한 형태인 흡연을 주제로 연구를 진행했지만
확장하면 음주, 비행, 약물 사용, 난폭 운전, 자살 시도, 피임하지 않
는 성관계 등에도 적용할 수 있습니다.

나는 남과는 다른 특별한 사람이라는 인식이 자존감과 적응력을

높이고, 상황에 잘 대처하도록 도움을 준다는 연구도 있지만 반대로 위험을 간과한 무모한 시도를 하여 자신을 망칠 수도 있다는 것을 기억하기 바랍니다.

'난 마음만 먹으면 언제든 끊을 수 있어.'

'난 흡연해도 건강에 아무 문제없을 거야.'

'난 음주 운전해도 사고가 나지 않을 거야.'

'난 여기서 뛰어내려도 다치지 않을 거야.'

'난 공부를 안 해서 그렇지 언제든 시작만 하면 잘 할 수 있어.'

혹시 이런 생각하고 있지는 않나요? 세상에 존재하는 위험을 나만 피해 갈 수는 없어요. 성취는 운이나 요행으로 쉽게 얻을 수 있는 것이 아니고요.

높은 성취를 이룬 사람들은 모두 충분한 시간과 노력을 들여 그 자리에 설 수 있었습니다. 우리가 오랜 시간 학교에 머물며 실력을 한 단계 한 단계 쌓아 올리는 것도 그 때문입니다.

모두가 '예'라고 할 때
'아니요'라고
말할 수 있을까?

#동조
#정보사회영향
#규범사회영향

무리에 속하고 싶어서, 이미 속한 무리에서 배척당하기 싫어서 그 무리의 규칙에 동조한 경험이 있을 거예요. 함께 놀자고 불러 준 친구를 따라갔는데 나에게 담배를 권한다면 어떻게 해야 할까요? 친구들 기분을 상하게 하고 싶지 않고, 그들 속에서 함께 있고 싶을 때 더 망설이게 되죠. 사회생활이 참 쉽지 않죠?

연수도 마찬가지예요. 친구들이 모여서 지원이가 너무 나댄다며 욕을 하고 있어요. 연수는 지원이에 대해 부정적인 감정이 없지만, 그 자리에 없는 지원이를 변호하기보다 함께 있는 다른 친구들의 의견에 동조하는 것이 자신에게 도움이 된다고 생각했을 거예요.

이번 장에서는 '동조'에 관해 살펴보겠습니다. 사람들이 왜 집단에 동조하는지, 우리가 생각 없이 동조할 때 어떤 문제가 발생하는지, 모두가 '예.'라고 할 때 '아니요.'라고 말하는 용기를 가지려면 어떻게 해야 하는지, 자신의 행동을 돌아보면서 읽어 보세요.

우리는 다른 사람에게 영향을 받으며 살아간다

우리는 매 순간 스스로 선택하고 행동한다고 믿습니다. 줏대 없이 남들이 하는 대로 따라 하는 사람을 보면 한심하다고 느끼지요. 자신은 집단의 잘못된 결정에 대해 반대할 수 있는 용기를 가졌다고 생각합니다. 그러나 우리는 생각보다 많은 상황에서 다른 사람의 영향을 받습니다.

다음 상황에서 여러분이라면 어떤 선택을 할 것 같나요?

반 친구들이 언제부턴가 하나둘 노란색 실내화를 신기 시작하더니 어느 순간 나만 빼고 모두가 노란색 실내화를 신고 있습니다. 친구들이 내 흰색 실내화를 쳐다보며 자꾸 비웃는 것 같고요. 이 상황에서 나는 계속 흰색 실내화를 고집할 수 있을까요?

다른 사람에게 영향을 받아 자신의 의견이나 행동을 결정하거나 바꾸는 것을 '동조'라고 합니다. 동조는 일상생활에서 비일비재하게 일어나지요. 친구들이 좋아하는 노래를 따라 듣고, 유행하는 옷을 따라 입고, 친구들이 사용하는 신조어를 따라 쓰는 것이 모두 동조에 해당합니다. 남들과 다른 나만의 방식으로 살아간다고 생각하지만 겉으로 드러난 행동을 보면 사실 남들과 크게 다르지 않아요. 이렇듯 우리는 사회 속에서 다른 사람에게 영향을 받으며 살아가고 있습니다.

동조는 언제 발생할까?

집단의 일원으로서 겪기 마련인 동조 현상을 무작정 용기 없는 행위로만 판단할 수는 없습니다. 대체로 동조는 나를 지키기 위해 발동되는 심리이기도 한데요, 구체적으로 어떤 상황에서 어떻게 발생하는지 알아보도록 합시다.

첫째, 다른 사람의 행동이 나에게 필요한 정보를 제공할 경우 동조가 발생합니다. 이를 '정보 사회 영향'이라고 합니다. 평범한 일상 속에서도 우리는 무얼 선택하는 게 좋을지 고민에 빠질 때가 많습니다. 끝내 판단하기 어려울 때, 다른 사람의 행동은 나의 결정을 돕는 중요한 정보가 됩니다.

옷을 구매할 때 온라인 쇼핑몰에서 만족도 평점이 높거나 주변 친구들이 많이 입는 브랜드를 선택한 적이 있을 거예요. 많은 사람이 선택한 것일수록 실패할 확률이 낮을 것이라고 생각한 거죠. 선택의 과정에서 다른 사람들의 행동이 나에게 정보로 작용한 것입니다. 이러한 정보 사회 영향은 어떤 것이 적절한 행동인지 판단하기 어려울 때, 충분히 생각할 여유가 없는 다급한 상황일 때, 나보다 아는 것이 많은 전문가가 있을 때 주로 발생합니다.

둘째, 다른 사람의 행동이 나에게 규범으로 작용할 때 동조하게 됩니다. 이를 '규범 사회 영향'이라고 합니다. 모든 사회에는 나름의 규범이 있습니다. 우리는 집단에서 인정받기 위해 또는 집단에서 배척당하지 않기 위해, 우리가 속한 집단의 규범에 따라 행동하곤 합니다.

학교에서의 규범이 복장 규정, 출결 규정 등의 명시적 규범만 있는 것은 아니지요. 반에서 권력을 가진 학생을 중심으로 다수가 하나의 의견을 가지면 그것 자체가 지켜야 할 암묵적 규범으로 작용합니다.

만약 반에서 다수의 학생이 한 학생을 따돌리기 시작하면 그러한 행위에 반감을 가지고 있더라도 피해 학생과 가깝게 지내는 것이 쉽지 않죠. 피해 학생을 배제하는 것이 교실 안의 보이지 않는 규범으로 작용하여 이를 어기면 나 역시 따돌림을 당할 수 있기 때문입니다.

규범 사회 영향은 해당 집단이 나에게 중요할 때(집단에 대한 소속감이 강하고, 집단 내에서 인정받고 싶을 때), 집단에서 나만 다른 의견을 가지고 있을 때(다 Yes인데 나만 No일 때), 만장일치를 추구하는 집단일 때(반대 의견을 용납하지 않는 분위기) 주로 나타납니다.

동조는 어떤 상황에서 문제가 될까?

다른 사람의 행동은 합리적인 판단을 할 수 있도록 나에게 정보를 제공하기도 하고, 집단 안에서 어떻게 행동해야 할지를 알려주는 규범이 되기도 합니다. 그렇기에 동조가 무조건 나쁘다고만 할 수는 없지만 다음과 같은 경우 동조는 부정적인 결과로 이어지기도 합니다.

정보 사회 영향에 따른 동조는 정보가 부정확할 때 문제가 됩니다. 사례를 통해 확인해 볼까요. 독서실에서 공부를 하고 있는데 이상한 냄새가 나기 시작합니다. 그래서 주변을 살펴보니 다른 사람들은 아무 일 아니라는 듯 하던 일을 계속 하고 있고요. 나는 이런 생각이 들겠죠. '다들 가만히 있네. 여기는 원래 이런 냄새가 나나? 호들갑 떨면 나만 바보 같겠지?' 다른 사람들의 반응에 별일 아니라고 판단한 나는 그들처럼 자리에 앉아 계속 공부를 합니다. 그런데 그 냄새가 화재로 인한 것이었다면 대응이 늦어 피해를 입고 말 것입니다.

다들 서로를 보면서 안전하다고 판단했고, 서로가 서로에게 잘못된 정보를 제공한 것입니다. 상황을 파악할 만한 정보가 부족할 때 무작정 다른 사람의 행동을 따라 하는 것이 최선은 아닙니다. 다른 사람들도 나와 입장이 비슷하거든요. 눈치 보면서 서로의 반응을 살피고, 어떻게 해야 할지 판단하죠. 모두가 처음 겪는 불확실한 상황에서는 다른 사람의 행동에서 유용한 정보를 얻을 수 없습니다. 이런 상황에서는 다른 사람의 눈치를 보기보다 정확한 정보를 획득할 수 있는 방법이 무엇일지 생각하고, 판단하고, 움직여야 합니다. 냄새가 나는 곳을 찾아서 어떤 상황이 벌어졌는지 확인만 했더라도 참사는 막을 수 있었을 거예요.

그렇다면 규범 사회 영향에 따른 동조는 어떨까요?

첫째, 잘못된 규범을 무분별하게 따라 할 때 문제가 됩니다. 일부 청소년은 어른과 동등한 대우를 받기를 원합니다. 이제는 나도 다 커서 스스로 결정할 수 있는데 어른들이 여전히 자신을 통제하려 한다고 생각하는 거죠. 어른이 하는 행동을 따라 하면서 마치 어른처럼 행동하려 합니다. 담배를 피우고, 술을 마시는 등 일탈 행위를 하면서 어른처럼 보이려고 하지요. 금지된 행동을 먼저 경험한 친구를 부러워하기도 하고, 경험하지 못한 친구들은 어린애 취급을 하기도 하고요.

이러한 문화와 규범을 가진 집단의 구성원들은 금지된 행동을 하는 것에 가치를 부여합니다. 경쟁적으로 사회 규범에서 벗어난 행동을 하며, 그것이 용기 있고 멋있는 행동이라고 착각하지요. 그들 속에서 소속감과 동질감을 느끼기 위해, 돋보이기 위해, 소외되지 않기 위해 이런 행동을 따라 하고, 심한 경우 범죄를 저지르기까지 합니다.

둘째, 잘못된 규범이라는 것을 알면서 침묵하고 동조할 때 문제가 됩니다. 동조는 다른 사람의 행동이 옳다고 믿기 때문에 따르는 경우도 있지만, 문제가 있다는 걸 알면서도 집단의 압력이나 제재 때문에 어쩔 수 없이 따르는 경우도 있습니다.

연수의 이야기를 다시 살펴봅시다. 지원이가 잘난 척을 한다며 다함께 흉을 보는 친구들 속에서 연수 혼자 반대 의견을 내는 것은 쉬운 일이 아닙니다. 잘못하면 웃음거리가 될 수도 있고 따돌림을 당할 수도 있으니까요. 결국 연수는 망설이다가 친구들의 의견에 동조했어요. 인간은 본능적으로 자기를 보호하고자 애씁니다. 자기가 피해를 입을 수 있는 상황에서 다른 사람을 보호하기란 어려운 일이에요. 이건 어른이라도 마찬가지이고요. 그래서 무턱대고 연수를 욕할 수만도 없겠지요.

다만 이런 식으로 하나둘 동조하다 보면 지원이는 반에서 낙인찍힐 것이고, 따돌림을 당하게 될 수도 있어요. 실제로 교실에는 이런 식의 왕따 사례가 아주 많습니다.

잘못된 것을 알고도 침묵한다면 그로 인해 누군가는 피해를 입게 됩니다. 나와 내 가족의 안전과 이익을 위해서 세상의 잘못된 것들을 못 본 척 눈 감고 살다 보면, 그렇게 만들어진 세상은 결국 나와 내 가족이 살아가기에 좋은 곳이 될 수 없지요. 권력을 가진 자들이 부당한 방법으로 자기 이익을 취하고, 그 옆의 수많은 사람이 묵인하고 동조한다면 세상은 부패할 수밖에 없습니다. 자신을 보호하려고 침묵한 대가는 부정부패와 비리가 만연한 세상에서 살아가야 하는 것이죠.

어렵겠지만 스스로에게 떳떳한 사람이 되고자 한다면 잘못된 규범을 바로 잡기 위해 목소리를 내야 합니다. 그 목소리를 듣고 침묵하던 다수의 사람들이 용기 내 목소리를 보태기 시작하면 변화가 시작될 거예요. 시작은 언제나 한 사람으로부터 비롯됩니다. 그 한 사람이 내가 되는 것을 두려워하지 말아야겠습니다. 물론 자기 보호가 최우선이므로 용기를 내기 전에 신중히 생각하고, 치밀하게 준비할 필요가 있겠지요!

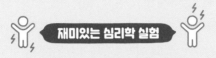
집단의 압력을 극복할 수 있을까?

미국의 심리학자 솔로몬 애쉬(Solomon Asch)의 선분 실험은 동조 현상을 잘 보여 주는 대표적인 실험입니다(1951). 여러 사람이 틀린 답을 말할 때, 사회적 압력에도 불구하고 홀로 맞는 답을 선택할 수 있을까요?

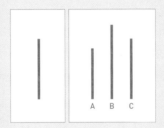

실험 내용은 간단해요. 위에 보이는 왼쪽 선분과 길이가 같은 선분을 오른쪽의 A, B, C 중 선택하는 거예요. 길이가 같은 선분을 찾는 일은 5살 어린아이도 맞출 수 있는 쉬운 일이죠. 다시 말해 문제가 어려워서 오답을 말할 가능성은 없어요.

방 안에는 7명의 실험 협조자와 1명의 피실험자가 앉아 있습니다. 가장 왼쪽에 앉아 있는 사람부터 한 명씩 답을 말합니다. 앞선 실험 협조자들이 오답을 말한 상황에서 피실험자가 대답할 차례가 옵니다. 어떤 결과가 나왔을까요?

피실험자는 세 번에 한 번꼴로(약 32%) 오답에 동조했고, 전체 피실험자 중 약 75%가 한 번 이상 오답에 동조했어요.

놀라운 일이죠? 물론 꿋꿋이 자기 의견을 지킨 사람들도 있어요. 피실험자의 약 25%는 단 한 번도 오답에 동조하지 않았답니다.

이 실험은 인간이 얼마나 쉽게 동조하는지를 보여 줍니다. 또한, 집단의 압력에 맞서는 것이 얼마나 어려운지도요. 잘못된 동조를 줄이는 일은 용기 있는 개인에게만 맡길 수 없습니다. 사회적 차원에서도 노력해야죠. 어떤 의견이든 눈치 보지 않고 자유롭게 표현할 수 있는 문화를 만들어야 합니다. 힘을 가진 다수가 압력을 행사하여 의견이 다른 소수를 침묵하게 해서도 안됩니다. 또한 구성원의 일치단결을 과도하게 추구하는 조직 문화도 바꾸어야 할 과제입니다.

나는 왜
외모에
자신이 없을까?

#자아존중감
#자기도취증
#외모콤플렉스

여준이는 잘생긴 얼굴은 아니지만 자기 외모에 만족해요. 그래서 당당하고 자신 있어요. 반면 민재는 누가 봐도 잘생겼지만 멋진 쌍꺼풀도, 도톰한 입술도 민재 마음에는 안 드나 봅니다. 지원이는 통통한 자기 몸매가 예쁘다고 생각해요. 운동을 해서 근육질의 탄탄한 몸을 만들고 싶대요. 연수는 빼빼 말랐음에도 스스로를 뚱뚱하다고 생각하며 다이어트에 대한 의지를 불태우고요.

사람들은 자신의 가치에 대해 왜 이렇게 다른 생각을 하고 있을까요? 기준이라고 하는 것도 제각각이고, 다른 사람의 평가와 별개로 스스로를 어떻게 인식하느냐에 따라 많이 다른 것 같네요.

이 장에서는 자존감에 대해서 살펴볼 거예요. 우리는 얼마나 가치 있는 존재일까요? 그 가치는 누가 정하는 것일까요? 자신을 가치 있고 소중한 존재라고 생각하는 것이 좋을까요? 아니면 끊임없이 남들과 비교하면서 자신을 부족한 존재라고 평가절하 하는 것이 좋을까요?

내가 생각하는 나의 가치

자아 존중감, 즉 자존감이란 자신을 가치 있는 존재라고 믿는 정도를 뜻합니다. 자존감이 높은 사람은 자신이 사랑받을 만한 소중한 존재이며, 어떤 일이든 충분히 해낼 수 있다고 믿습니다. 사랑받을 만한 소중한 존재라는 것은 자기 가치에 대한 믿음이고, 어떤 일이든 해낼 수 있다고 믿는 것은 자기 능력에 대한 믿음입니다. 자존감은 자신의 가치와 능력에 대한 주관적인 평가이며, 자기확신이라고 할 수 있죠.

여준이, 민재, 지원이, 연수, 네 친구의 외모는 모두 제각각입니다. 충분히 준수한 외모를 가졌음에도 부족함을 느끼는 친구가 있는가 하면 주변의 부정적인 평가에도 자기 외모에 만족하는 친구도 있어요. 객관적으로 예쁘고 잘생겼다고 해서 모두가 자기 외모에 만족하는 것은 아닙니다. 이러한 차이는 자존감의 차이에서 비롯됩니다.

자존감이 삶에 미치는 영향

자존감은 자아 개념, 태도, 정서, 성격, 인지 과정, 정신 건강 및 사회 적응, 삶에 대한 만족감 등 개인의 삶 전체에 영향을 미치는 중요한 개념입니다. 자존감이 높고 안정적인 사람들은 자신을 소중히 여기며, 어떤 일이든 노력하면 충분히 해낼 수 있다고 믿습니다. 스스로를 있는 그대로 인정하고 사랑하기 때문에 부족한 부분도 애써 감추지 않지요. 자신의 가치와 능력에 대한 확신이 있으므로 다른 사람의 인정에 목말라하지 않으며, 다른 사람의 평가에 따라 자존감이 쉽게 흔들리지 않습니다. 또한 실패를 두려워하지 않기 때문에 새로운 일에 도전하기를 주저하지 않지요. 현재에 만족하고 앞으로 더 나아질 것이라고 믿기 때문에 매사에 긍정적이며 대인 관계도 원만합니다.

반면 자존감이 낮으면 자신을 부정적으로 인식하게 됩니다. 여준이처럼 충분히 매력적인데도 자신이 못생겼다고 생각하듯이요. 자신감이 부족해 남 앞에 서는 것을 두려워하고 실수할까 봐 불안해해서 능력을 제대로 발휘하지 못합니다. 자신의 장점보다 단점을 더 크게 인식하므로 다른 사람에 비해 부족하다고 생각합니다. 그래서 높은 성취를 이루었을 때도 자신의 노력이나 업적을 스스로 깎아내리며, 사람들이 칭찬하고 주목하는 것을 부담스러워하지요. 자기 잘못이 아닌데도 자기 탓을 하고 상황을 부정적으로 인식하므로 불안이나 우울증에 취약합니다. 미래의 전망도 부정적이어서 삶이 나아질 것이라는 기대보다는 달라질 것이 없다거나 더 나빠질 것이라고 생각하고요. 다른 사람의 눈치를 많이 보고 쉽게 상처 받으므로 대인 관계에도 어려움을 겪게 됩니다.

흔들리며 피는 꽃

살아가는 동안 우리의 자존감은 높고 안정적인 자존감과 낮은 자존감 사이 어딘가에 위치합니다. 주변 사람들의 평가나 과업의 성취 여부에 따라 자존감이 흔들리는 경향성이 강한데, 이는 자존감의 안정성이 떨어지기 때문이지요. 이를 '인정 의존형 자존감'과 '성취 의존형 자존감'으로 나눌 수 있습니다.

인정 의존형 자존감을 가진 사람은 다른 사람들의 평가에 의존하여 자신의 가치를 확인하는 경향이 있습니다. 사람들에게 인정받고, 사랑받을 때 스스로를 가치 있다고 느끼는 것이지요. 타인의 평가가 긍정적인지 부정적인지에 따라 자존감이 쉽게 흔들립니다. 긍정적인 평가를 받으면 자존감이 올라가지만 부정적인 평가를 받으면 금세 자신이 가치 없다고 느껴요. 그래서 칭찬과 인정을 받기 위해 애쓰며, 잘하고 있는지 주변 사람들에게 끊임없이 물어보며 자신의 가치를 확인하려고 합니다. 이들은 자존감이 위협받는 상황에서 방어적인 태도를 취하기도 합니다. 예를 들어 부정적인 평가를 받으면 부정적인 평가를 한 사람에 대해 공격적인 태도를 보임으로써 자존감을 지키려고 해요.

성취 의존형 자존감을 가진 사람은 과업의 수행 결과에 의존하여 자신의 능력과 가치를 확인하는 경향이 있습니다. 사회적인 성취를 이루는 것이 자신의 가치와 능력을 증명하는 것이라고 믿는 것이지요. 이들은 동기가 매우 강하고, 열심히 일하며, 완벽하게 업무를 처리하려고 애씁니다. 인정 의존형과 마찬가지로 연약하고 불안정한 자존감을 가지는데, 성취가 계속되는 한 높은 자존감이 유지되지만 실패할 경우 급격하게 자존감이 떨어집니다. 조직 내에서 좋은 구성원이지만 정작 본인은 잘해야 한다는 부담 때문에 스트레스를 많이 받게 됩니다. 이에 따라 완벽주의 성향과 강박증이 나타나기도 하고요. 이들 역시 자존감이 위협받는 상황에서 방어적인 태도를 취하기도 합니다. 예를 들어 실패했을 때 실패의 원인을 다른 사람이나 상황 탓으로 돌림으로써 자존감을 지키려고 합니다.

사람은 모두 이러한 두 속성을 조금씩은 다 가지고 있습니다. 다른 사람들에게 인정받거나 과업을 성취하는 것은 자존감을 형성하고 유지하는 데 중요한 요소이지요. 그러나 인정과 성취에 지나치게 의존하면 쉽게 흔들리고 깨지기 쉬워요. 부정적인 평가를 받았다고 해서, 몇 번 실패했다고 해서 우리의 능력과 가치가 변하는 것은 아닙니다. 우리는 부족하지만 성장하고 있으며, 지금 이대로 충분히 가치 있고 소중한 존재예요. 목표를 향해 가는 과정에서 발생하는 부정적 평가와 실패에도 쉽게 흔들리지 않고 자신의 가치와 능력을 믿을 때 자존감은 단단해질 것입니다.

자존감에 영향을 미치는 것들

자존감은 자신에 대한 타인의 반응을 통해서나 타인과의 비교를 통해서, 자신의 행위를 스스로 관찰하고 평가하면서 형성됩니다. 학교에 들어가기 전까지는 부모님의 반응에 의존해 자신이 잘하고 있는지, 가치 있는 존재인지를 확인합니다. 따라서 부모님과의 관계는 자존감 형성에 매우 결정적인 영향을 미치지요. 충분히 사랑받고 존중받은 아이들은 안정적인 자존감을 형성하므로 타인의 부정적인 평가에도 자신에 대한 믿음이 쉽게 흔들리지 않습니다.

이미 어린 시절을 지나왔고, 현재 자존감이 낮다면 개선할 여지가 없는 걸까요? 그렇지 않아요. 자존감은 충분히 향상될 수 있습니다. 이제부터는 사회적 지지가 중요합니다. 부모님이 채워 주지 못한 인정, 사랑, 수용 등은 친구나 연인, 멘토 등을 통해 채울 수 있어요. 나의 가치를 알아봐 주고, 내가 힘들 때 위로해 주고, 서로의 민낯까지 공유할 수 있는 좋은 친구를 만난다면 흔들리기 쉬운 자존감도 서서히 안정될 것입니다. 다만 관계는 상호적이기 때문에 나의 자존감을 고양하기 위해 상대방을 일방적으로 이용해서는 안 됩니다. 좋은 관계는 서로 인정하고 존중하며, 칭찬과 위로를 아끼지 않고, 나와 내가 살아가는 세계를 긍정적으로 바라볼 수 있도록 서로 격려하고, 힘을 주는 관계입니다.

성취와 실패를 어떻게 인식하는지도 자존감에 영향을 미칩니다. 대단한 성취를 했어도 스스로 그 가치를 깎아내리거나 한 번의 실패에 큰 의미를 부여한다면 자존감은 쉽게 무너집니다. 반대로 작은 성취에도 의미를 부여하고, 실패에 대해서도 결과와 상관없이 자신의 노력을 가치 있게 여길 수 있다면 자존감은 향상, 유지됩니다. 누군가가 100점을 목표로 한다고 해서 나 역시 100점을 목표로 할 필요는 없어요. 자신만의 목표를 세우고 달성했다면 남들이 뭐라던 충분히 기뻐하고 자신을 칭찬해 줍시다. 남들이 다 하는 것이라고 쉬운 것은 아니에요. 내가 노력해서 지키거나 얻은 것이라면 무엇이든 칭찬할 만한 일이지요. 일상의 작은 성취를 가치 있게 여긴다면 자신의 가능성과 잠재력을 믿게 될 것이며 앞으로 나아갈 힘을 얻을 것입니다.

실패도 마찬가지입니다. 살면서 필연적으로 발생하는 실패를 통해 우리는 배우고 성장하여 결국 성취에 이릅니다. 도전해서 실패해 본 사람은 도전조차 하지 않은 사람보다 성취에 가까이 있다는 사실을 기억해야 합니다.

자신의 외모를 어떻게 인식하는지도 자존감에 영향을 미칩니다. 청소년기는 신체적으로 많은 변화가 나타나는 시기이므로 자연스럽게 자신의 외모에 많은 관심을 두게 되지요. 이때 주변 사람들의 획일적인 평가나 조롱 섞인 평가에 많은 청소년이 상처를 받습니다. 외모, 가족, 집안 형편 등 쉽게 바꿀 수 없는 것에 연연한 다면, 즉 이미 결정된 것에서 자신의 가치를 확인하려 한다면 내가 할 수 있는 것이 없습니다.

바꿀 수 없는 것에 연연하다보면 자기혐오에 빠지거나 남 탓을 하게 됩니다. 우리는 공장에서 찍어 낸 물건이 아닙니다. 생김새가 다른 것은 당연한 일이지요. 노력으로 얻은 것이 아닌 타고난 요인 으로 사람들의 우열을 가리는 것 자체가 잘못입니다. 타인의 기준 으로 자신을 평가하지 말고, 자신이 가진 것을 있는 그대로 인정하 고, 사랑하세요. 자신을 부끄러워하는지 사랑하는지는 그 사람의 말과 행동으로 나타납니다. 자신을 사랑하는 사람에게서 뿜어져 나오는 그 당당함이 우리가 가진 최고의 매력입니다.

결국 자존감은 자신을 어떻게 인식하느냐에 달려 있습니다. 다 양한 경험을 하면서 나란 사람이 어떤 사람인지 파악하고, 장단점 모두 나의 일부라는 것을 인정하고, 있는 그대로의 나를 사랑하고 아낄 때 자존감은 높아집니다.

자기만 사랑하는 사람들

자신을 사랑하는 것은 자연스럽지만 그 정도가 지나쳐 병적인 수준에 이른 것을 자기도취증, 나르시시즘이라고 합니다. 건강한 자존감은 자신의 내면에서 나오는 반면, 자기도취증에 빠진 이들은 타인을 수단으로 삼아 자신의 가치를 확인하려고 합니다.

이들은 세상이 자기를 중심으로 돌아간다고 믿으며 모든 사람이 자기를 위해 존재한다고 생각합니다. 그런 착각 때문에 타인을 착취하고 수단으로 이용하려 하지요. 듣고 있기 힘들 정도로 자기 자랑을 늘어놓으면서 주변 사람들이 자신을 우러러봐 주고 칭찬해 주길 바랍니다. 다른 사람을 무시하고 깎아 내리면서 자신이 우월하다고 느끼며, 자기가 잘못해 놓고도 다른 사람 탓을 합니다. 누군가 자신을 부정적으로 평가하면 적으로 인식하고, 앙심을 품고 있다가 기어이 복수하고요.

모든 관심이 오로지 자신에게로 향해 있기 때문에 타인에 대한 공감 능력이 매우 떨어집니다. 이들이 만약 누군가가 슬퍼할 때 위로한다면 그것은 궁극적으로 자신을 좋은 사람으로 포장하기 위한 행동일 가능성이 큽니다. 연인이나 친구를 사귀는 것도 자신을 돋보이게 하거나, 자신의 우월함을 확인할 수 있는 수단적 가치가 있기 때문입니다. 한마디로 자기 외에는 누구도 진심으로 사랑하지 못합니다.

자기 확신에 빠져 있으므로 함께 일을 할 때는 논리적으로 대화가 되지 않고 자기주장만 합니다. 자기만 옳다고 생각하기 때문에 사람들이 자기 뜻을 따라야 한다고 생각하며, 그렇지 못할 경우 주변 사람들과 갈등하게 됩니다. 자기도취증에 사로잡힌 사람들은 다음과 같은 특징을 보입니다.

- 별다른 성취 없이 자신의 우월성을 인정받고 싶어 하는 등 자신의 중요성과 특출함에 대해 과대한 느낌을 가진다.
- 자신에 대한 과도한 경탄을 요구한다.
- 자신이 기대하는 것은 다 이루어져야 한다고 생각한다.
- 다른 사람의 기분이나 욕구에 관심이 없다.
- 다른 사람을 시기하거나, 혹은 다른 사람이 자신을 시기한다고 믿는다.

이들 중에는 사회적으로 큰 성공을 거두는 사람도 있습니다. 이들은 자신의 능력과 가능성을 의심하지 않으며 다른 사람의 부정적인 평가에도 흔들리지 않습니다. 보통은 실패를 반복하면 자신의 능력과 가능성을 의심하게 됩니다. 그 기간이 길어질수록 안 될지도 모른다는 마음이 커지고, 결국 어느 순간 포기하고 맙니다. 반면 자기도취증에 빠진 사람들은 누구의 말도 듣지 않습니다. 할 수 있다는 확신에 차서 실패에도 흔들리지 않고 될 때까지 도전합니다. 이러한 자기 확신이 정말 성공으로 이어지기도 하지요.

또한 특유의 자신감 있는 모습이 대중들에게 신뢰감을 주기도 합니다. 이러한 특성은 대중 앞에 서는 직업을 가진 사람들에게 긍정적으로 작용하지요. 합리적인 사람들은 자신의 생각이 맞는지 끊임없이 의심하고, 다른 사람의 의견에 귀를 기울이며 살아갑니다. '내가 모르는 무언가가 있을 것'이기 때문에 100% 확신을 가지고 말하지 않아요. 반면 자기도취증에 빠진 사람들은 자기가 최고이며, 자기 생각이 정말 옳다고 믿기 때문에 한 치의 흔들림도 없이 자신 있게 말합니다. 자신 있고 확신에 찬 모습이 사람들에게 유능하고 매력적으로 비춰지는 것이죠. 무대 위의 모습밖에 볼 수 없는 대중에게는 이들의 성격적 결함은 감춰지고, 자신감 있는 모습만 보일 것입니다. 실제로 성공한 정치인, 연예인, 예술가 중에 자기애성 성격 장애(자기도취증을 가진 사람 중에 전문가의 진단으로 성격 장애 판정을 받은 경우)를 앓는 경우가 꽤 있다고 합니다.

나를 사랑하는 것만큼이나 주변 사람들을 존중하고, 사랑하는 것도 중요합니다. 기쁨은 나누면 두 배가 되고, 슬픔은 나누면 반으로 줄어듭니다. 기쁨과 슬픔을 함께 나눌 사람이 없다면 아무리 큰 성공을 한다고 해도 행복할 수 없습니다. 자신을 돋보이기 위해 주변 사람들을 도구로 이용한다면 결국 혼자가 될 것입니다. 자존감이 높은 것과 자기도취증에 빠진 것은 엄연히 다릅니다. 주변 사람들과 함께 걸어가면서 희로애락을 경험하는 건강하고 행복한 삶을 살기를 바랍니다.

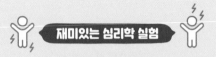

자아 존중감
검사

아래는 자기 자신에 대한 일반적인 느낌을 담은 진술 목록입니다.

각 진술에 얼마나 동의하는지 또는 동의하지 않는지 표시해 보세요.

문 항	매우 그렇다	그렇다.	그렇지 않다.	전혀 그렇지 않다.
1. 전반적으로 나는 나 자신에 대해 만족한다.	4	3	2	1
2. 때때로 나는 나 자신이 전혀 가치가 없다는 생각을 한다.	1	2	3	4
3. 나는 좋은 자질을 많이 갖고 있다고 생각한다.	4	3	2	1
4. 나는 대부분의 다른 사람들만큼 일을 잘 할 수 있다.	4	3	2	1
5. 나는 내세울 것이 별로 없는 사람이라는 생각이 든다.	1	2	3	4

6. 나는 때때로 쓸모가 없는 사람이라고 생각한다.	1	2	3	4
7. 나는 가치 있는 사람이며, 최소한 남 만큼은 되는 사람이라고 생각한다.	4	3	2	1
8. 나는 스스로가 자신을 좀 더 존중했 으면 하는 생각을 한다.	1	2	3	4
9. 전체적으로 볼 때 나는 실패자라는 생각이 든다.	1	2	3	4
10. 나는 나 자신에 대해 긍정적으로 생 각한다.	4	3	2	1

Rosenberg, M.(1979). Conceiving the Self. New York: Basic Books.

미국의 사회심리학자 모리스 로젠버그^{Morris Rosenberg}가 개발한 자아 존중감 척도입니다. 전 세계적으로 자아 존중감을 측정할 때 널리 사용되는 신뢰도 높은 척도입니다. 문항별 점수를 더해, 총점이 높을수록 자존감이 높습니다.

생각한
대로
이루어진다고?

#자기충족적예언

#자기암시

#낙인효과

연애할 때 많은 청소년이 다음과 같은 걱정을 합니다. 내가 좋아하는 만큼 상대도 나를 좋아하고 있을까? 상대방을 정말 많이 좋아하는데 날 떠나면 어떡하지? 나에 대한 마음이 식은 건 아닐까? 상대방의 마음속에 들어갔다 나올 수 없으니 궁금하고 걱정되는 것은 어쩌면 자연스러운 마음이기도 합니다. 그러나 근거 없는 상상이나 의심을 입 밖으로 꺼내 상대방에게 확인하기 시작하면 관계는 악화되기 쉽습니다.

연수 역시 민재가 자신을 떠날까 봐 전전긍긍합니다. 그만큼 좋아하고 있기 때문일 수도 있지만, 마치 부정적인 결말을 정해 놓고 그 결말이 실현될 때까지 반복적으로 확인하고 표현하는 것처럼 보입니다.

자신을 향한 기대든 다른 사람을 향한 기대든 우리의 기대는 힘이 세답니다. 긍정적이든 부정적이든 반복적으로 무엇인가를 기대하면, 그 대상은 서서히 그것을 충족하는 방향으로 행동하기 시작하고, 결국 기대는 실현되기도 합니다.

이 장에서는 자신에게 하는 기대, 타인에게 하는 기대가 어떤 결과를 가져오는지 살펴보겠습니다.

나의 기대가 현실로 이루어진다?

자신의 기대가 현실로 이루어지는 것을 '자기 충족적 예언'이라고 합니다. 바꾸어 말하면, 자신이 한 예언(기대)을 충족하는 방향으로 행동하여 결국 예언이 이루어지는 현상이지요. '자성 예언'이라고도 하며 '피그말리온 효과' '로젠탈 효과' '낙인 효과' '플라세보 효과' 등과 같거나 유사합니다. 자기 충족적 예언은 보통 '믿는 대로 이루어진다.'는 긍정적인 예언을 말하는 경우가 많은데, 반대로 부정적인 예언에도 적용될 수 있습니다. 연수는 남자 친구인 민재에게 차일지 모른다는 부정적인 믿음을 가지고 있습니다. 민재를 대할 때 그러한 부정적인 믿음이 행동으로 나타납니다. '나를 왜 만나? 나 말고 다른 사람 좋아하는 거 아니야?'라고 하면서 민재의 마음을 자꾸 의심하고 다그칩니다. 결국 민재를 지치게 만들어 부정적인 믿음이 현실로 이루어질 수 있습니다.

우리가 아는 세계적인 음악가, 영화감독, 운동선수도 어린 시절에는 대부분 평범한 학생이었을 테지요. 그랬던 아이가 커서 세계적인 스타가 될 거라고는 주변 친구들도, 선생님도, 부모님도 생각하지 못했을 테고요. 이들이 꿈을 이룬 것은 자신에 대한 강한 믿음이 있었기 때문입니다. 물론 믿는다고 다 되는 것은 아니지요. 그러나 꿈꾸지 않았다면 시도조차 하지 않았을 거예요. 무엇인가를 꿈꾼다는 것은 그 자체로 가슴 뛰고 즐거운 일입니다. 이루고 싶은 것이 있으면 마음이 움직이고, 그러한 동기가 우리를 행동하게 합니다. 꿈을 실현하기 위해 노력하다 보면 자연스럽게 성장하고 발전할 것이며 꿈에 가까워지는 것이지요.

부정적인 자기 암시에서 벗어나자

자신에 대한 기대는 일종의 '자기 암시'와 같습니다. 은연중에 우리는 '안 좋은 일이 일어나면 어떡하지?'라면서 부정적인 암시를 하곤 하는데요, 이러한 부정적 암시는 우리의 생각과 행동에 영향을 미쳐 부정적인 결과로 이어지곤 합니다. '실수하면 어떡하지?'라는 생각에 사로잡혀 반복적으로 자기 암시를 하면 긴장감은 올라가고, 몸은 떨리고, 머릿속은 하얘져서 결국 실수를 하게 되지요. 굶는 다이어트를 하면서 '못 참으면 어떡하지? 폭식하면 어떡하지?'라고 반복적으로 자기 암시를 하다 보면 결국 폭식하게 되는 것처럼요.

부정적인 생각이 떠오를 땐 질문을 바꾸어 봅시다. 불안만 키우는 질문이 아니라 문제를 해결하기 위한 질문을 떠올려 봐요. '실수하면 어떡하지?'라는 질문을 '실수하지 않으려면 어떻게 해야 할까?'로 바꿔 보는 거예요. 문제를 해결할 방법을 찾고 이것저것 시도해 보는 것이 자신에 대한 부정적인 예언을 반복하는 것보다 훨씬 좋은 결과로 이어질 수 있습니다. 무엇인가를 성취하고 싶다면 할 수 있는 일을 찾아 행동으로 옮겨야 합니다. 생각만으로는 아무것도 달라지지 않습니다. 생각은 적당히 하고, 문제를 해결할 방법을 찾아 행동으로 옮겨 보세요.

잘한다 잘한다 하면 잘하고, 못한다 못한다 하면 못한다

자기 충족적 예언은 자신에 대한 예언뿐 아니라 다른 사람에 대한 예언에서도 이루어지곤 합니다. 내가 누군가에게 어떤 기대를 하면 그 사람이 나의 기대대로 바뀔 수 있으며, 다른 사람이 나에게 어떤 기대를 하면 나 역시 그 사람의 기대대로 바뀔 수 있다는 거죠.

미국의 심리학자 로버트 로젠탈^{Robert Rosenthal}의 실험은 타인의 기대가 우리에게 미치는 영향을 잘 보여 줍니다. 미국의 한 초등학교 학생을 대상으로 지능 검사를 실시한 후 학생 몇 명을 지정해 '지능이 높아 성적이 오를 가능성이 크다.'라고 그들의 담임 교사에게 알려 주었습니다. 교사는 해당 학생들이 발전할 것이라 기대하고, 그들에게 관심과 격려를 아끼지 않는 호의적인 태도를 취했습니다. 교사의 기대를 받은 학생들은 다른 학생들에 비해 학교를 더 좋아하고, 실수를 두려워하지 않으며, 성적 향상을 위해 노력하는 모습을 보였고요. 결과적으로 해당 학생들은 이전보다 높은 학업 성취를 보였습니다. 사실 해당 학생들은 지능과 상관없이 무작위로 선정된 아이들이었어요. 선생님이 '할 수 있다.'고 믿어 주니 학생들 마음에 힘이 생겨 정말로 해내게 된 거지요.

현실의 선생님과 부모님은 청소년들에게 긍정적인 기대만 하는 것은 아니에요. '넌 이미 늦었어.' '너 커서 뭐가 되려고 그러냐?' '그게 최선이야? 그렇게밖에 못해?' 같은 말로 낙인 찍고, 사기를 꺾어 아이들의 가능성을 파괴하기도 하지요.

어른들의 기대는 언어 표현 이외에도 표정, 몸짓, 목소리에 섞인 감정 등에서도 드러납니다. 청소년들은 어른들이 자신을 어떻게 평가하는지, 무엇을 기대하는지 금방 눈치 채고요. 이 시기에는 자신의 가치에 대한 확신이 부족한 시기이므로 주변 사람들의 반응을 통해 자신의 가치를 확인하려 하지요. 그래서 부정적인 기대를 받은 청소년은 자신의 능력과 가능성을 믿지 못하게 되고, 할 수 없다고 생각하며 결국 생각하던 바를 포기해 버리기 쉽습니다.

자신의 기대에 미치지 못하는 행동을 반복할 경우 부정적인 표현과 같은 강한 자극으로 청소년의 생각과 행동을 개선할 수 있을 것이라고 생각하는 어른들이 있습니다. 또 일부 어른들은 개인적인 실패와 좌절에서 오는 분노를 자신보다 약한 사람에게 표출하는 실수를 저지르기도 하는데요, 이는 방어기제 가운데 '치환(전치)'이라고 볼 수 있어요.

설령 좋은 의도라도 부정적인 기대와 낙인은 부정적인 결과를 낳습니다. 어른들의 부정적인 기대에 반복적으로 노출되면 청소년들은 스스로를 쓸모없고 하찮게 느낍니다. 자신의 가능성을 믿고 즐겁게 노력하는 것이 아니라 혼나지 않기 위해 또는 의무감에 억지로 과제를 수행하게 됩니다. 그렇게 되면 금방 지쳐 포기하거나 도망치게 될 것입니다.

인간은 서로 영향을 주고받으면서 살아갑니다. 우리의 말과 행동은 주변 사람들에게 영향을 미쳐 그 사람의 미래를 바꿀 수도 있습니다. 가족들, 친구들이 서로를 깎아내리는 데 몰두한다면 부정적인 기대가 실현되어 모두가 불행해지고 말 것입니다.

소중한 사람들의 성장과 발전을 응원합시다. 가장 가까이에 있는 소중한 사람들의 긍정적인 부분을 찾아 칭찬할 때, 그들은 나로 인해 자신의 가능성을 믿게 될 것이고, 기대에 부응하기 위해 노력할 것이고, 그 결과 성장하고 발전할 수 있을 거예요.

타인에 대한 잘못된 기대는 하지 않으니만 못하다

기대와 관련해 청소년들이 토로하는 대표적인 고민은 자신의 의사에 반하는 기대를 받거나 감당하기 힘든 높은 기대를 받을 때 적절히 대응하는 것에 어려움을 느낀다는 것입니다.

상대방의 의사에 반하는 기대는 상대방에 대한 통제가 될 수 있습니다. 웹툰 작가를 꿈꾸는 청소년 A에게 부모님이 의사가 되라고 강요한다면 A는 어떻게 반응할까요? 사실 A는 자신이 웹툰 작가로서 재능이 있는지, 성공할 수 있을지 확신이 없습니다. 이런 상태에서 부모님에게 자신의 의사를 당당하게 주장하기란 쉽지 않을 것입니다. 말 자체를 꺼내지도 못하거나 대화한다 하더라도 부모님이 일방적으로 결정하고 지시하는 성향이라면 부모님을 설득하기란 쉽지 않겠지요. 그렇게 원치 않는 기대 속에서 꿈을 잃게 된다면 의욕 없이 하루하루를 보내게 될 것입니다.

A의 부모님처럼 상대방이 원치 않는 기대를 일방적으로 하고 있지 않은지 스스로를 점검해 봅시다. 내가 원하는 모습을 만들기 위해 상대방에게 이것저것 요구하면서, 거기에 '기대'라는 이름을 붙이고 있지 않나요? 바람직한 기대는 설득이라는 과정을 거쳐야 합니다. 어쩔 수 없이 겉으로만 동의한 게 아니라 진심으로 마음을 움직인 상태여야 합니다. 상대방이 나의 의견을 수용해 그것을 원하는 상태라면 괜찮습니다. 그렇지 않은 한 내가 생각하기에 최선이라고 생각해서 건네는 조언이라도, 반복적으로 기대하고 요구하는 것은 통제와 다를 것이 없습니다.

인간은 각기 독립된 존재이므로 개인의 의사와 선택을 존중해야 합니다. 물론 주변 사람들이 좀 더 나은 길로 갈 수 있도록 충분한 조언을 해 주고, 자신이 체득한 노하우를 알려 주는 것은 좋지만 그것은 말 그대로 상대방의 선택을 돕는 정보일 뿐 선택은 결국 당사자의 몫입니다. 가족이라고 해서, 연인 관계라고 해서 상대방을 자신의 소유물로 생각해서는 안 됩니다. 자신의 뜻대로 움직이지 않는다고 화를 낸다면 그것은 기대가 아니라 통제입니다. 나와 마찬가지로 상대방 역시 스스로 생각하고, 결정하고, 행동하는 독립적인 존재라는 사실을 직시할 때 상대방을 대하는 태도가 달라질 것입니다.

다음으로, 지나치게 높은 기대는 불안과 좌절로 이어지기 쉽습니다. 공부를 곧잘 하는 학생 B가 있습니다. 그런 B를 보면서 부모님의 기대는 점점 높아집니다. 언제부턴가 시험에서 한 문제만 틀려도 '잘할 수 있으면서 왜 실수했어? 다음엔 100점 맞자. 열심히 해서 서울대 가야지.'라고 말합니다. 죽기 살기로 노력해도 생각만큼 성적이 향상되지 않으면 B는 어느 순간 불안해지기 시작합니다. 즐거웠던 공부는 하기 싫은 숙제가 되고, 이제는 3등을 해도 2등을 해도 기쁘지가 않습니다. 성장하고 발전하고 있음에도 불구하고 그저 1등을 하지 못한 부족한 존재라고 느낍니다. 충분히 잘하고 있으면서도 자신을 사랑하지 못합니다. 자기를 사랑하지 못하는 것만큼 심리에 부정적인 영향을 끼치는 것은 없어요. 기대에 부응하지 못할까 봐 위축되고, 불안하고, 초조한 상태가 지속되면 우울증, 강박증과 같은 심리적 문제가 나타나기도 합니다. B의 마음을 들여다보면 생각의 중심에 '나'는 없고 부모님만 있는 꼴이죠.

성공하든 실패하든 스스로 책임져야 합니다. 누구도 나의 삶을 대신 살아 주지 않아요. 주변 사람들의 기대에 부응하기 위해 너무 급하게 뛰다가 지치고 넘어지는 것 보다 나만의 속도와 계획대로 길을 가야 합니다. 나의 현재 상태를 점검하고, 나에게 맞는 실현 가능한 목표를 설정해 보세요. 그리고 그 목표를 달성할 수 있는 구체적인 계획을 세워 묵묵히 실천해 보는 거예요. 누군가를 실망시킬까 봐 두려워하지 말고, 실패했다고 좌절할 필요도 없어요. 지금 여러분이 지나고 있는 청소년기의 모든 경험은 성취로 가는 과정입니다. 포기하지 않는 한 실패한 것이 아니에요. '나'의 성취를 가장 원하는 사람은 바로 여러분, 자신이지요. 내가 정말 원하는 것이 무엇인지 내 안의 목소리에 귀를 기울이고 자신에게 집중해야 합니다.

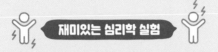

교사의 예언은 10년 후까지
영향을 미칠까?

미국의 발달심리학자 니콜 소르하겐Nicole S. Sorhagen은 자기 충족적 예언에 관한 연구를 진행했습니다(2013). 초등학교 1학년 학생들의 수학 능력, 기본 읽기 능력, 언어 능력이 10년 후에 어떻게 나타날지를 교사들에게 예측하도록 요청했습니다.

10년이 지나 학생들은 고등학교 1학년이 되었습니다. 학생들의 학업 성취도는 10년 전 교사의 기대대로 나왔을까요? 아니면 교사의 기대와는 다른 성적을 얻었을까요?

결론적으로, 교사가 낮은 기대를 한 학생들은 고등학교 1학년 때도 낮은 점수를 받았습니다. 교사의 자기 충족적 예언이 실현된 것이죠. 특히 교사의 기대는 부유한 가정의 학생보다 저소득 가정의 학생에게 더 큰 영향을 미쳤습니다. 왜 그런 결과가 나왔을까요?

다양한 외부 교육 활동에 참여할 기회가 많은 부유한 가정의 학생보다 그런 기회가 부족한 저소득 가정의 학생들은 교사에게 더 많이 의존하고 있기 때문입니다.

학생들에게 교사의 낙인은 자신의 가능성을 부정당하는 큰 사건입니다. 부정적인 기대를 받은 학생들은 자신이 잘할 수 없다고 믿었을 것이고, 교사의 부정적인 기대를 실현하는 방식으로 행동해 결국, 낮은 학업 성취를 보였습니다.

만약 지금 부정적인 기대를 받는 청소년이 있다면 이렇게 말해 주고 싶네요. 아무도 여러분을 믿어 주지 않더라도, 마지막까지 자신의 가능성을 믿으세요. 여러분은 할 수 있습니다. 성공과 실패는 타고난 능력이 아니라 자신에 대한 믿음과 노력의 정도에 달려 있어요.

잘못된 행동을
해 놓고
합리화하는 이유는?

#인지부조화
#자기합리화

지원이는 이번 기말고사에서 좋은 성적을 받아야 원하는 고등학교에 지원할 수 있습니다. 간절한 마음으로 열심히 공부했지요. 시험이 시작되었고, 지원이는 시험지를 받자마자 크게 당황합니다. 그렇게 열심히 공부했건만 모르는 문제투성이인 거예요. 그런데 반에서 1등인 여준이의 시험지가 보입니다. 볼까 말까? 부정행위가 나쁜 짓인 걸 알기 때문에 망설입니다. 고득점이 꼭 필요했던 지원이는 결국 커닝을 하고 맙니다. 지원이의 마음이 이해되시나요? 하면 안 된다는 걸 알지만 간절함과 절박함 때문에 규칙이나 신념을 어겼던 경험을 가진 친구들이 있을 거예요.

커닝할 당시에는 그 방법밖에 없다고 생각했겠지만 시간이 지날수록 왠지 마음이 불편해집니다. 규범을 어긴 것이니까요. 찜찜한 상태가 계속되면 이런 마음에서 벗어나려고 노력하게 됩니다. 지원이는 '다른 사람에게 피해 준 것도 아니잖아.' '남들도 다 하잖아.'라고 자기 행동을 합리화했습니다. 방법이 그것밖에 없었을까요?

인지 부조화란 무엇일까?

사람들은 각자 나름의 원칙을 가지고 행동합니다. 사회화를 통해 학습한 사회 규범, 양심, 개인적 신념이나 태도 등이 원칙으로 작용하지요. 하지만 이성적으로 판단할 수 없는 상황이거나 눈앞의 이익을 좇다 보면 자신이 세운 원칙에서 벗어난 행동을 하게 될 때도 있습니다.

시험에서 좋은 점수를 받아야 원하는 학교에 갈 수 있는 상황에서 내 옆자리에 앉은 우리 반 1등의 시험지가 보인다면 여러분은 어떻게 할 것 같나요? 만약 지원이처럼 부정행위를 한다면 '나는 규칙을 준수하는 도덕적인 사람이야.'라는 인지와 '비도덕적인 행동을 했다.'라는 인지가 부조화를 일으키게 될 거예요. 평소에 부정행위를 저지른 사람을 욕하고 비난했다면 더욱 그럴 것이고요. 자신의 신념과 다른 행동을 했을 때 우리는 뭔가 잘못됐다는 느낌이 들면서 머리가 복잡해지고 마음이 불편해집니다.

자신의 신념, 태도, 행동이 서로 불일치하거나 부조화하여 불편함을 느끼는 것을 '인지 부조화'라고 합니다. 인지 부조화가 발생하면 부조화를 해소하려고 노력하게 됩니다. 처음에는 '나는 쓰레기야.'라며 자신을 혐오하고 자책할 거예요. 그러나 자기혐오를 하면서 삶을 유지하기란 어려운 일이죠. 모든 사람은 자신을 가치 있는 존재로 느끼길 원합니다.

긍정적인 자아상을 유지하고 부조화를 해소하려면 신념을 바꾸어 행동을 합리화하거나 신념에 맞게 행동을 바로잡아야 합니다. 하지만 이미 벌어진 일이어서 행동을 되돌릴 수 없다고 느끼면 자신이 가진 신념과 태도를 바꿔 버리게 됩니다. '부정행위가 그렇게 나쁜 건가?' '다른 사람을 다치게 한 것도 아니잖아.' '연재도 저번에 했다던데.' '그 상황에서는 누구라도 부정행위를 했을 거야.'라며 자신의 행동을 합리화하는 것이지요.

신념이 바뀌면 이후의 행동에 지속적으로 영향을 미치게 됩니다. 부정행위를 관대하게 인식하기 시작하므로 다음에도 부정행위를 저지를 가능성이 있습니다. 부정행위를 저지르고도 더는 수치심이나 죄책감을 느끼지 않게 될 수도 있고요. 거꾸로 얘기하면 현재 도덕성이 결여된 채 범죄를 저지르는 사람들은 과거에 인지 부조화를 겪었을 것이고, 부조화를 줄이기 위해 자신의 행동을 합리화하는 방향으로 신념을 바꾸었을 것입니다.

살인을 반복한 범죄자가 재판에서 반성하는 것은 거짓말일 가능성이 높습니다. 인간을 존중하는 태도를 가지고 있었다면 애초에 그런 일을 벌이지 않았을 것이고, 우발적으로 벌였더라도 자수해 죗값을 치렀을 거예요. 멈출 기회가 많았는데 멈추지 않고 살인을 반복하다가 왜 잡힌 후에야 잘못했다고 말하는 것일까요? 살인을 반복했다는 것은 이미 인간을 욕구 충족의 수단으로 인식하는 자기 합리화 과정을 거쳤다고 볼 수 있습니다. 인간에 대한 잘못된 태도와 신념이 굳어져 더는 죄책감을 느끼지 않는 상태인 것이죠.

많은 노력과 시간을 투자한 경우
자신의 노력을 합리화한다

거대한 운석과 충돌해 지구가 멸망할 것이라고 믿는 사람들이 있다고 가정해 봅시다. 이들은 종교에 헌신하면 구원받을 것이라고 믿고, 사원에 모여 신을 섬기며 하루하루를 보냈습니다. 돈도 필요 없으므로 전 재산을 처분해 신에게(사실은 사이비 종교 지도자에게) 바쳤고요. 10년이라는 시간이 흘러 지구 멸망의 날에 이들은 사원에 모여 신을 기다렸습니다. 그러나 운석도 신도 오지 않았어요. 10년 동안 믿었던 종교적 신념이 틀렸을지도 모른다고 느끼면 극심한 인지 부조화가 발생하게 됩니다.

이제 이들은 어떤 선택을 하게 될까요? 믿었던 종교가 잘못되었다고 인정할까요? 그들은 돌아갈 집도 없으며, 가족도 친구도 이제는 남아 있지 않습니다. 마음을 다해 가진 모든 것을 바쳤던 종교가 거짓이라면 지난 10년간의 삶은 사라지고 마는 것이죠. 자신이 그렇게 멍청하고 잘못된 행동을 했다는 것을 인정할 수 없을 거예요. 자신을 지키려면 그 종교가 잘못된 것이어서는 안 될 테고, 결국 이들은 날짜 계산을 잘못했다며 지구 멸망의 날을 5년 후로 다시 잡고 종교 활동을 지속할지도 모릅니다. 이해를 돕기 위해 가상의 이야기를 만들었지만 이와 유사한 사례들이 실제로 세계 곳

곳에서 벌어졌습니다.

사람들은 많은 시간과 노력을 투자해 희생하고 헌신한 일의 결과를 합리화하려는 강한 욕구를 가집니다. 우리의 일상생활에서도 이러한 사례는 쉽게 찾아볼 수 있어요. 시험과 면접 등 가입 절차가 까다로운 동아리가 있다고 해 볼까요? 열심히 준비해 어렵사리 동아리에 들어갔는데 막상 들어가 보니 하는 일도 없이 시간만 때우고, 배울 것도 없고, 선배들이 후배들에게 심부름이나 시킨다면 어떨 것 같나요? 이렇게 가치 없는 것을 얻기 위해 그렇게나 열심히 노력했다는 사실을 믿을 수 없을 거예요. 인지 부조화를 줄이기 위해 할 수 있는 선택은 두 가지입니다. 동아리를 탈퇴하거나 동아리가 유익하고 가치 있다고 믿는 것. 후자의 경우 동아리의 장점을 열심히 찾을 겁니다. 애매한 것들은 좋은 쪽으로 해석하면서 나의 노력과 선택이 틀리지 않았다고 믿으려 하겠죠.

외적 합리화를 할 수 없을 때 내적 합리화를 한다

인지 부조화 이론을 정립한 미국의 사회심리학자 레온 페스팅거Leon Festinger는 한 가지 재미있는 실험을 진행했습니다. 실험 참가자들은 지루하고 반복적인 과제를 하고 난 후 대기 중인 다음 참가자에게 "과제가 재미있다."라고 설명해야 했어요. 거짓말을 한 보상으로 1달러 또는 20달러를 받았고요. 실험이 끝나고 참가자들에게 수행 과제가 얼마나 즐거웠는지를 물었습니다. 20달러를 받은 참가자들은 재미없고 지루했다고 평가한 반면 1달러를 받은 참가자들은 과제가 상당히 즐거웠다고 평가했습니다. 왜 이런 반응이 나타났을까요? 충분한 보상(20달러)을 받은 경우 자신의 거짓말은 보상 때문에 어쩔 수 없이 한 행동으로 인식하는 반면, 고작 1달러를 받고 거짓말을 해야 했던 학생들은 과제가 재미있었다고 진짜로 믿기 시작한 것입니다.

정리하면, 자신의 거짓말을 외부의 보상이나 처벌 때문으로 설명할 수 있다면 기존의 태도나 신념은 바뀌지 않습니다. 거짓말한 이유를 외부에서 찾는 외적 합리화가 나타나는 것이지요. 반면 보상이 거짓말을 합리화하기에 충분치 않으면 행동(거짓말)에 맞게 자신의 태도를 바꾸는 내적 합리화가 나타납니다. '그 과제, 생각해 보니 나름 재미있었어.'라고 말이에요.

자기 합리화를 멈출 수 있을까?

행동을 돌이킬 수 없고, 상황 탓으로 돌릴 수도 없을 때 우리는 태도를 바꾸어 행동을 합리화합니다. 인지 부조화를 줄이기 위한 이러한 노력은 자존감을 유지할 수 있도록 도와주고요. 그러나 나의 가치를 방어하는 데에만 힘쓴다면 합리적인 사람이 아니라 합리화하는 사람이 되고 말 뿐입니다. 잘못된 행동을 하고도 반성하지 않고 별일 아니라는 듯 넘기거나 합리화한다면 우리는 실수와 잘못된 결정에서 아무것도 배우지 못하겠지요.

자기 합리화의 과정은 무의식적으로 이루어지므로 알아채기가 쉽지 않습니다. 사실 대부분의 사람이 자신의 행동을 합리화하면서 살아갑니다. 이제 우리는 인지 부조화 이론을 통해 인간이 자신의 행동을 합리화하는 경향이 있다는 것을 알게 되었습니다. 우리의 행동을 비판적으로 검토할 수 있다면 합리화 과정에 개입해 의식적으로 멈출 수 있어요. 실수에 대해 인정할 수 있어야 하며, 책임질 일이 있다면 피하지 말아야 합니다. 합리화의 늪에 빠지면 신념을 버리고, 잘못된 행동을 반복하며 점점 더 나쁜 방향으로 나아가게 됩니다. 부정행위를 저질렀다면 힘들겠지만 선생님께 사실대로 말하고 그에 대한 책임을 져야 합니다. 그래야 자신이 평소에 옳다고 굳게 믿었던 신념을 지키며 살아갈 수 있어요. 또한 마음속 깊숙한 곳에 남아 있던 죄책감에서 벗어나 비로소 편안해질 수 있고요. 물론 가장 좋은 것은 행동하기 전에 행동의 결과를 예측하고, 양심과 신념에 따라 행동하는 것이겠지요.

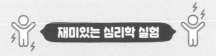

부정행위를 하고 나면
정말 태도가 바뀔까?

미국의 심리학자 저드슨 밀스Judson Mills는 초등학교 6학년 학생들을 대상으로 실험을 했습니다(1958). 먼저 부정행위에 대한 학생들의 태도를 측정했는데요. 대부분의 학생들이 부정행위를 엄격하게 처벌해야 한다고 했습니다.

그리고 다음 날 어제 조사와 상관없는 것처럼 다른 연구자가 들어와 숫자 맞추기, 점 개수 세기 대회를 개최했습니다. 최고 득점자 2명에게 5달러의 상금을 준다고 유인함으로써 학생들이 대회에 몰두하도록 했습니다. 또한, 학생들이 부정행위를 쉽게 할 수 있으면서도 걸리지 않을 것이라는 착각을 하도록 교실 환경을 설계했고요. 실제로는 모든 부정행위를 적발할 수 있는 시스템을 가지고 있었죠. 연구자들의 의도대로 일부 학생들은 대회에서 높은 성적을 거두기 위해 부정행위를 했습니다.

나중에 같은 학생들에게 부정행위를 어떻게 생각하는지 다시 물었습니다. 그 결과 대회에서 부정행위를 한 학생들은 태도를 바꿔 부정행위에 대해 관대한 태도를 보였고, 부정행위의 유혹을 뿌리 친 학생들은 태도가 강화되어 이전보다 더 강력한 처벌을 요구했습니다.

우리가 하는 말과 행동이 우리의 신념과 태도를 바꿀 수 있다는 것을 보여 준 실험이네요. 눈앞의 유혹을 참고 이겨 내느냐, 아니면 유혹에 굴복하느냐에 따라 우리는 완전히 다른 사람으로 살아가게 될 것입니다.

왜 자꾸만
남과
비교하게 될까?

#사회비교
#자기향상욕구
#자기고양욕구
#자기파악욕구

* * *

연수는 남들이 뭐라 하지도 않았는데 여준이와 자신을 비교하면서 의기소침해져 있어요. 이런 일이 반복되면 비교당하는 게 겁이 나서 도전하기를 망설이고, 시도조차 안 하게 되죠.

내가 잘하고 있는지 알기 위해서 주변 사람들과 비교하는 것은 자연스러운 일이에요. 하지만 자신의 상황에 맞지 않는 잘못된 비교를 하다 보면 자존감이 하락해 우울감에 빠질 수도 있고, 때로는 자만하여 노력을 게을리 하게 되기도 합니다.

이 장에서는 '사회 비교'에 대해 알아보겠습니다. 자신을 성장시키고, 마음 건강을 유지할 수 있는 똑똑한 사회 비교 방법을 알아봅시다.

우리는 끊임없이 남과 비교하며 살아간다

많은 청소년이 부모님이나 선생님에게 바라는 점으로 '비교 좀 그만했으면 좋겠어요.'라고 말하곤 합니다. 사실 청소년뿐만 아니라 사람이라면 그 누구라도 비교당하는 것을 싫어하지요. 부모님은 주로 잘난 사람들과 비교하면서 좀 더 열심히 하라고 자극하는 것이지만 청소년들은 반복적으로 비교당하면서 기가 죽고, 의욕을 상실하기도 합니다.

어른들의 그런 모습을 보고 자랐기 때문일까요? 비교당하는 걸 싫어하면서 청소년들 역시 자기 자신을 다른 사람과 끊임없이 비교하곤 합니다. 외모를 비교하고, 성적을 비교하고, 옷차림을 비교하고, 친구 관계를 비교하고……. 비교하기 시작하면 비교할 것은 끝도 없죠.

사회 비교란?

인간은 누구나 자신을 알고 싶어 합니다. 내가 잘하고 있는지, 능력이 어느 정도 수준인지, 태도나 신념이 바람직한지 알고 싶지요. 그러나 우리의 인생은 정답이 없어서 나의 능력이나 의견에 대해 확신이 없을 때가 많아요. 이런 상황에서 타인은 하나의 기준이 됩니다. 타인이 살아가는 모습을 관찰하고 비교하면서 스스로를 파악하고 계획합니다. 이렇게 자기 자신을 파악하기 위해 다른 사람과 비교하는 것을 '사회 비교'라고 합니다.

사회 비교는 상대적입니다. 사람마다 능력이 다르므로 누구랑 비교하느냐에 따라 결과가 달라지지요. 나보다 잘난 사람과 비교하면 내가 못하는 것처럼 느껴지고, 나보다 못난 사람과 비교하면 내가 잘하는 것처럼 느껴져요.

비교 대상에 따라 사회 비교를 구분할 수 있는데, 자신보다 우월하거나 나은 처지에 있는 사람과 비교하는 것을 '상향 비교'라고 하며, 자신보다 못하거나 불행한 처지에 있는 사람과 비교하는 것을 '하향 비교'라고 합니다.

욕구에 따라 달라지는 비교 대상

인간의 마음속에는 자기 자신과 관련된 세 가지 중요한 욕구가 있습니다. 바로 자기 향상 욕구와 자기 고양 욕구, 그리고 자기 파악 욕구입니다.

'자기 향상 욕구'는 좀 더 나은 사람이 되려는 욕구, 즉 성장하고 발전하려는 욕구를 뜻합니다. '자기 고양 욕구'는 자신을 가치 있는 존재로 느끼고 싶어 하는 욕구를 뜻하고요. '자기 파악 욕구'는 자신이 잘하고 있는지, 올바른 방향으로 나아가고 있는지를 정확하게 알고자 하는 욕구를 뜻해요.

각각의 욕구에 따라 비교의 대상이 달라집니다. 목표를 설정하고 실현하는 과정에서는 성장하고 발전하려는 자기 향상 욕구가 작동해 상향 비교를 하게 됩니다. 나보다 잘하는 사람을 보면서 부족한 부분을 깨닫고 배울 것을 배우며, 그들처럼 되겠다는 의지를 세우는 것이지요.

반복된 실패로 자존감이 떨어지고 포기하고 싶을 때는 자기를 좀 더 긍정적으로 인식하려는 자기 고양 욕구가 작동해 하향 비교를 하게 되는데요, 나보다 안 좋은 상황에 놓인 사람을 보면서 '그래도 나는 저 사람들보다 낫잖아.'라며 위안을 얻고 자신감을 되찾으려 합니다.

내가 맞는 방향으로 가고 있는지 잘하고 있는지 알고 싶을 때는 자기 파악 욕구가 작동하는데요. 이때는 능력이나 처지가 비슷한 사람들과 주로 비교합니다. 친구들과 성적을 비교하는 것은 기본적으로 자신이 잘하고 있는지를 파악하기 위함이지요.

개념을 구분하기 위해 나누어 설명했지만 세 가지 욕구는 동시에 작동할 수도 있습니다. 친구 병문안을 갔다가 다른 환자들을 보게 된 상황을 예로 들어 볼게요.

중환자실이나 응급실에서 고통 받는 사람들을 보면서 '되는 일이 하나도 없어서 우울했는데, 아픈 데 없이 건강한 것만 해도 감사할 일이네.'라고 위안(자기 고양)을 얻을 수 있죠. 동시에 살기 위해 애쓰는 환자들을 보면서 '저들도 살려고 저렇게 노력하는데 나도 분발해야겠다.'라고 삶에 대한 의지(자기 향상)를 다지기도 합니다. 또한 이를 계기로 아픈 곳이 없는지 자신의 몸 상태를 점검(자기 파악)해 보기도 하고요.

비교에 대한 나만의 원칙

살면서 남과 비교를 아예 안 할 수는 없지만 불필요한 비교는 나의 삶과 정신 건강에 별 도움이 되지 않을뿐더러 인간관계에 악영향을 미치기도 합니다. 따라서 건강한 비교를 할 수 있도록 나름의 원칙을 세울 필요가 있습니다.

첫째, 상향 비교와 하향 비교를 적절하게 사용해야 합니다. 상향 비교와 하향 비교는 양면성이 있습니다. 상향 비교의 경우 나보다 잘난 사람과 비교하면서 무엇을 보완해야 할지 배울 수 있지만, 비교를 통해 열등감을 느끼게도 만듭니다. 하향 비교의 경우 나보다 못난 사람과 비교하면서 본인이 괜찮은 사람이라고 위로받을 수 있지만, 현재의 자신이 괜찮다고 느끼므로 발전하려는 노력을 게을리하게 만들지요.

따라서 각각의 상황에 맞는 적절한 비교를 하는 것이 중요합니다. 목표 달성을 위해 노력해야 하는 시기에는 상향 비교를, 자기 위로가 필요한 시기에 하향 비교를 해야 합니다. 이를 반대로 할 경우 노력해야 할 시기에 안주하게 되고, 위로를 받아야 할 시기에 스스로를 비하하게 될 것입니다.

연수는 자신보다 발표를 잘한 여준이와 비교당하면서, 또 스스로 비교하면서 자존감이 많이 떨어져 있는 상태입니다. 연수는 상처받지 않으려고 비교될 만한 상황을 만들지 않으려고 했고, 그 결과 수업 시간에 엎드려 잠만 자기 시작합니다.

위만 바라보며 상향 비교를 반복하는 경우 자신이 작고 초라하게 느껴질 수밖에 없습니다. 현재에 만족하지 못하고 끊임없이 자신을 닦달하게 되지요. 매 순간 치열하게 살다 보니 현재를 즐기지 못하게 되고, 그러다가 열심히 해도 쫓아갈 수 없다는 생각이 들면 우울감에 사로잡혀 아예 포기하기도 합니다. 끝없는 사다리를 올라가는 것처럼 위만 쳐다보는 것은 사람을 지치게 해요. 이런 상황에서는 남과 비교하지 않거나 하향 비교를 하는 것이 좋겠지요. 또는 과거의 나와 비교해 나아진 점과 얻은 성과에 만족하고 스스로 칭찬할 수 있어야 합니다.

둘째, 비교하지 말아야 할 것도 있습니다. 모든 사람은 각자 자신만의 개성과 아름다움을 지니고 있습니다. 그것은 고유한 것으로 누구와도 비교할 수 없습니다. 매번 타인과의 비교를 통해 답을 얻으려 한다면 남들 하는 대로 따라 하는 복제 인간이 될 뿐이죠.

삶은 모호하고 애매한 순간의 연속입니다. 내가 정말 잘하고 있는 것인지 불안하고 걱정되는 마음은 거의 모든 사람이 가지고 있어요. 모두가 서로에게서 답을 찾으려고 하지만 어쩌면 누구도 정확한 답을 가지고 있지 않을 수도 있습니다. 또한 누군가의 답이 나에게 맞지 않는 경우도 있고요. 그렇기 때문에 때로는 남이 아니라 내 안에서 정답을 찾아야 합니다. 내 안의 목소리에 귀를 기울이고 스스로 방향을 세울 때 나만의 길을 개척할 수 있습니다.

청소년기의 흔한 고민 중 하나인 외모 문제도 마찬가지입니다. 눈이 크네 작네, 키가 크네 작네 하고 비교하면서 스스로를 비하하거나 남을 비하하는 친구들이 있습니다. 무의미한 비교로 얻게 되는 것은 무엇일까요? 우월감? 수치심? 바꿀 수 없는 것은 있는 그대로 받아들이고 사랑하는 자세가 필요합니다.

셋째, 비교가 목적이 되어서는 안 됩니다. 비교는 현재 자신의 상태를 파악하거나, 꿈에 대한 의지를 다지거나, 위안을 얻기 위해서 필요할 때 사용하는 수단일 뿐입니다. 목적과 수단을 혼동하면 안 되죠. 따라서 비교 자체가 목적인 것처럼 모든 상황에서 다른 사람들과 자신을 비교하면서 경쟁하고 줄 세우는 것은 지양해야 합니다.

예를 하나 들어 볼게요. 시험이 끝나고 오랜만에 친구들을 만났다면, 친구들과 즐거운 시간을 보내면서 학업 스트레스에서 벗어나는 것이 그 자리의 목적이겠죠. 그런데 누가 더 예쁘게 꾸미고 왔는지, 누가 더 잘나가는지, 누가 더 주목받는지 비교하는 사람들이 있습니다. 본래의 목적을 상실한 채 마치 비교가 목적인 것처럼 끊임없이 비교하고 시기하고 질투한다면 그 시간은 악몽이 될 것입니다.

어떤 상황에서 자꾸 자신도 모르게 비교하게 된다면 그 자리의 목적이 무엇인지 상기할 필요가 있습니다. 위의 상황에서는 목적에 맞게 친구들이 하는 농담을 즐기고, 좋은 일이 있으면 서로 축하해 주고, 공통의 관심사에 대해 열심히 떠들고 공감하면 됩니다.

다른 사람을 줄 세우고 평가하는 비교는 금물!

청소년기에는 비교를 통해 꿈에 대한 의지를 다지기도 하고, 이 정도면 나도 괜찮은 사람이라고 위로받기도 하고, 자신의 위치를 파악해 앞으로의 계획을 세우기도 합니다. 그런데 어떤 사람들은 비교를 잘못된 곳에 사용하기도 합니다. 자기보다 못난 사람들은 무시하고 자기보다 잘난 사람은 부러워하죠. 이런저런 기준으로 사람들의 가치를 평가해 우러러볼 사람과 무시해도 될 사람을 구분하고, 서열에 맞게 대우하죠.

이런 문화가 심한 사회에서는 외모 지상주의, 학벌 지상주의 등이 판을 칩니다. 자기보다 학벌이 낮은 사람은 깔보고, 자기보다 학벌이 높은 사람 앞에서는 꼬리를 내립니다. 자신의 자리에서 열심히 살고 있는 사람을 당사자의 동의도 없이 외모, 학벌, 재산, 직업 따위의 기준으로 평가하고 뒤에서 수군댑니다. 정작 당사자는 자기 삶에 만족하며 살고 있는데, 그 사람의 가치를 함부로 평가하고, 땅바닥에 떨어뜨리기도 합니다.

우월감을 느끼기 위해 또는 분노, 혐오, 수치심 등 부정적인 감정을 해소하기 위해 타인을 수단으로 사용하지 말아야 합니다. 비교는 자신을 위한 것이지 남을 평가하기 위한 것이 아닙니다.

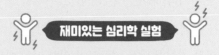

암 환자의 적응에
도움이 되는 사회 비교는?

미국의 심리학자 조앤 우드Joanne V. Wood와 동료들은 개인에게 닥친 위협적인 사건(암 발병)에 대처하는데 사회 비교가 어떻게 사용되는지를 연구했습니다(1985).

유방암에 걸린 29세~78세의 여성 78명을 인터뷰한 결과, 환자 대부분이 자발적으로 하향 비교를 했습니다. 한 여성은 다음과 같이 말했습니다.

"저는 비교적 적은 부위만 수술을 받았는데도 너무 고통스럽고 우울했어요. 그러니 유방 전체를 절제한 여성들은 얼마나 비참하겠어요."

자신에게 닥친 불행한 사건에 대해 긍정적으로 인식하려는 자기 고양 욕구가 작용한 것입니다. 자신보다 안 좋은 상황에 있는 사람들과 비교하면서 환자들은 자신을 위로하고, 심리적 안정감과 미래에 대한 삶의 의지를 회복하고 있던 것입니다.

이미 벌어진 일, 돌이킬 수 없는 일에 대해 후회만 하고 있을 건가요? 건강했던 예전의 모습을 떠올리면서 현재를 낭비할 건가요? 아니면 건강한 사람들과 비교하면서 비관하고 부러워만 할 건가요?

개인에게 발생한 충격적인 사건의 영향에서 벗어나 마음 건강을 회복하는 데 하향 비교가 도움이 됩니다. 자신에게 닥친 상황을 받아들이고, 현재 자신의 모습을 있는 그대로 인정하고 사랑하고, 나보다 안 좋은 상황에 처한 사람들을 보면서 '이만해서 천만다행이야.' 하고 스스로 다독이면서 앞으로 살아갈 힘을 얻기도 합니다. 모든 일은 마음먹기에 달렸다는 말을 기억하세요.

열다섯, 심리학이 필요한 순간

초판 1쇄	2022년 9월 20일
초판 3쇄	2023년 7월 5일
지은이	김기환
그린이	송아람
책임편집	이슬
디자인	책은우주다
마케팅	강백산, 강지연
펴낸이	이재일
펴낸곳	토토북
출판등록	2002년 5월 30일 제10-2394호
주소	04034 서울시 마포구 양화로11길 18, 3층(서교동, 원오빌딩)
전화	02-332-6255
팩스	02-6919-2854
홈페이지	www.totobook.com
전자우편	totobooks@hanmail.net
ISBN	978-89-6496-480-4 43180